DR. WALLACE BOTTACIN

PARA ENTENDER O DIABETES

PERGUNTAS E RESPOSTAS

Autoria
Wallace Entringer Bottacin

Conselho Editorial
Dra. Aline de Fátima Bonetti
Farmacêutica no Complexo Hospital de Clínicas da
Universidade Federal do Paraná
Me. Cinthia Caldas Rios
Doutoranda na Universidade Federal de Sergipe
Dra. Thais Teles de Souza
Professora na Universidade Federal da Paraíba
Dra. Walleri Christini Torelli Reis
Professora na Universidade Federal da Paraíba

Dados Internacionais de Catalogação na Publicação (CIP)
(Câmara Brasileira do Livro, SP, Brasil)

Bottacin, Wallace Entringer
    Para entender o diabetes [livro eletrônico] :
perguntas e respostas / Wallace Entringer Bottacin.
-- Curitiba, PR : Supervisão Clínica - Treinamentos
em Farmácia Clínica e Farmacoterapia, 2024.
    KPF

    Bibliografia.
    ISBN 978-65-991283-9-4

    1. Diabetes 2. Diabetes - Cuidados e tratamento
3. Insulina 4. Medicina e saúde I. Título.

                                    CDD-616.462
24-194621   NLM-WK-810

Índices para catálogo sistemático:

    1. Diabetes : Medicina   616.462

Eliane de Freitas Leite - Bibliotecária - CRB 8/8415
Impresso nos Estados Unidos da América

O Autor

Wallace Entringer Bottacin

Wallace Entringer Bottacin é um farmacêutico e acadêmico brasileiro cuja trajetória profissional e acadêmica se destaca pela sua diversidade e profundidade. Formado em Farmácia pela Universidade Federal de Ouro Preto (UFOP), sua carreira é marcada por experiências internacionais enriquecedoras, incluindo estudos na University of Missouri-Kansas City e University of Minnesota, nos Estados Unidos.

Seu mestrado em Ciências Farmacêuticas, obtido na Universidade Federal do Paraná (UFPR), teve como foco a Farmácia Clínica. Atualmente, é doutorando no Programa de Pós-graduação em Assistência Farmacêutica da UFPR, demonstrando seu compromisso contínuo com a pesquisa e a inovação na área farmacêutica.

O autor é membro da Sociedade Brasileira de Diabetes desde 2022, demonstrando seu compromisso e interesse contínuo no estudo e no manejo do diabetes. Sua afiliação a esta importante sociedade reforça ainda mais sua dedicação à melhoria dos cuidados de saúde e ao avanço das práticas clínicas relacionadas ao tratamento do diabetes.

Conflitos de interesse

Antes de mergulharmos neste livro, vamos conversar um pouco sobre um termo importante: conflito de interesse. Imagine que você está em uma partida de futebol, mas, em vez de ser um jogador ou um torcedor, você é o árbitro. Seu trabalho é garantir que o jogo seja justo, seguindo as regras. Agora, imagine se você fosse torcedor de um dos times; isso poderia influenciar suas decisões, certo? Pois bem, isso é um conflito de interesse: quando alguém tem um interesse pessoal que pode interferir em sua capacidade de ser imparcial ou objetivo. Quando o assunto é saúde, isso pode ser especialmente perigoso.

No contexto deste livro, um conflito de interesse surgiria se eu, Wallace Bottacin, o autor, tivesse alguma relação com produtos, empresas ou serviços mencionados aqui que pudesse influenciar o que eu escrevi de maneira parcial. Quero que saibam que escrevi cada palavra e escolhi cada tema com o único objetivo de informar, educar e ajudar você, leitor, sem qualquer influência externa que pudesse comprometer essa intenção. Portanto, declaro que não tenho conflitos de interesse ao escrever esta obra. Tudo o que você ler aqui é o produto da minha experiência, conhecimento e desejo sincero de contribuir para uma melhor compreensão do diabetes.

Prefácio

Querido leitor,

Bem-vindo a uma jornada pelo universo do diabetes, um caminho que decidi pavimentar com palavras, carinho e, confesso, muitas risadas. Escrever este livro foi uma aventura deliciosa, repleta de momentos em que me peguei rindo alto diante do computador, criando analogias que, espero, tragam um sorriso ao seu rosto enquanto desvendamos juntos os mistérios do diabetes.

Desde o início, minha intenção foi clara: transformar a complexidade médica em uma conversa entre amigos, onde os termos técnicos dão lugar a uma linguagem acessível, amorosa e, por que não, divertida. Afinal, quem disse que aprender não pode ser um prazer? Cada capítulo, cada pergunta que tentei responder, foi pensada com o máximo de cuidado e dedicação, sempre com o objetivo de tornar a informação não apenas compreensível, mas acolhedora.

Através das páginas deste livro, você encontrará não apenas respostas às perguntas frequentes que recebo diariamente, mas também um pedacinho do meu coração. Tentei ao máximo facilitar a linguagem e traduzir os conceitos difíceis em algo que fosse tangível, próximo da realidade de cada um que me lê. E as analogias, ah, as analogias! Elas se tornaram minhas fiéis companheiras, ajudando a iluminar os caminhos por vezes nebulosos que o diabetes insiste em percorrer.

Este livro foi escrito com você em mente, pensando em suas dúvidas, medos e, claro, na sua imensa capacidade de superação. É um convite para que não veja o diabetes como um inimigo, mas como uma parte de sua vida que, sim, exige atenção e cuidados, mas que também pode ensinar muito sobre resiliência, saúde e bem-estar.

Espero sinceramente que estas páginas sejam mais do que um guia; que sejam uma fonte de conforto, inspiração e, por que não, diversão. Que ao ler este livro, você sinta a mesma alegria e prazer que senti ao escrevê-lo. E lembre-se: estou sempre por aqui, pronto para continuar nossa conversa, seja nas páginas deste livro ou nas redes sociais. Meu Instagram @wallacebottacin está sempre aberto para novas histórias, dúvidas e, claro, para nos conhecermos melhor.

Com todo o meu carinho e um grande sorriso,

Wallace
Farmacêutico que ama cuidar de quem diabetes

Sumário

Capítulo 1: Introdução ao Diabetes

O que é o diabetes mellitus?

Vamos começar do básico: entendendo o diabetes. Tudo no mundo funciona a base de energia: o computador, os aviões, as luzes na sua casa e até mesmo você! Nosso corpo também precisa de energia para funcionar. Pode ser para crescer um fio de cabelo ou para subir escadas, correr uma maratona ou apenas dormir, estamos gastando energia o tempo todo. Porém, existem diferentes formas de energia no nosso mundo. Enquanto os aviões usam querosene de aviação, as luzes da sua casa usam energia elétrica, você usa uma molécula chama glicose para funcionar. A glicose é a fonte de energia que o nosso corpo mais gosta! Ele até pode funcionar por um tempo com outras fontes de energia, como lipídeos (gordura), mas ele sempre vai preferir a glicose. E você sabe de onde a glicose vem? Se você respondeu da alimentação, você acertou. Os alimentos fornecem ao nosso corpo as quantidades de glicose que ele precisa para funcionar. Os principais alimentos que fornecem glicose são os carboidratos: massas, pães, arroz, farinhas, bolos, doces etc. É por isso que se você ficar sem comer esses alimentos rapidamente você se sente sem energia, pois de fato seu corpo precisa buscar energia em outros lugares para funcionar.

Falando em energia, você já deve ter levado um choque elétrico, não é mesmo? Ou se queimado com fogo? Um fato interessante sobre as fontes de energia é que devemos usá-las com sabedoria e cautela. A energia elétrica é maravilhosa e funciona muito bem nos aparelhos, mas basta um fio desencapado que o desastre acontece. Uma lição que tiramos desse fato é que não basta existir uma fonte de energia, mas devemos manusear essa fonte de energia com sabedoria. O fogo é maravilhoso para fazer um churrasco, mas pode ser terrível em uma floresta.

Quando o nosso corpo lida com a glicose, a nossa fonte de energia, ele entende completamente esse conceito da natureza: pouca glicose dá problema, pois o corpo fica fraco, porém glicose demais também dá problema, pois é energia demais circulando no nosso sistema. Quando tem muita glicose, ela começa a danificar várias coisas no nosso corpo, gerando uma série de problemas que veremos mais a frente no nosso bate-papo. Por isso, o corpo humano desenvolveu uma forma muito precisa de controlar nossa fonte de energia: não pode ter muita nem pouca glicose no sangue.

O sangue é que leva a glicose para todos as células do nosso corpo, praticamente todas elas precisam da glicose para funcionar. Porém, para a glicose entrar em cada uma das células do nosso corpo, ela precisa passar por uma porta que é controlada por uma chave: a insulina. A insulina, que é produzida em um órgão do nosso corpo chamado pâncreas, é como se fosse uma chave que libera as portinhas para a insulina entrar nas células. Logo, sem insulina, a glicose fica no sangue sem ter para onde ir. E se a glicose se acumula no sangue, é como se o corpo estivesse com energia demais sem conseguir utilizar. Essa energia toda acumulada vai danificar células e órgãos do corpo, e gerar o que a gente chama de Diabetes.

Como o diabetes se desenvolve?

Se você entendeu o que é o diabetes na pergunta anterior, agora vai ficar bem fácil entender como ele se desenvolve. Existem vários tipos de diabetes, porém dois tipos são mais comuns: nós chamamos de diabetes tipo 1 e diabetes tipo 2. Você lembra que o pâncreas é o órgão que produz a insulina, que é a chave para a glicose entrar nas células? O pâncreas é uma verdadeira fábrica de insulina, que é produzida por células que chamamos de células beta-pancreáticas. Em alguns casos de diabetes o problema está exatamente nesse ponto: essas células do pâncreas param de produzir insulina. Veja, existem várias razões do porquê isso acontece, porém nesse momento não se preocupe com isso. O mais importante é entender que o corpo para de produzir a chave que vai permitir a glicose entrar nas células, gerando um acúmulo de glicose no sangue, já que a glicose não tem para onde ir. Nesse caso, dizemos que o paciente tem o diabetes tipo 1 e ele vai precisar de tomar insulina para normalizar a entrega de glicose para as células.

Existe outro tipo comum de diabetes, que na verdade é muito mais frequente que o diabetes tipo 1: o diabetes tipo 2. No diabetes tipo 2 o corpo pode até conseguir produzir insulina, mas existe algum problema que faz com que essa insulina não funcione direito. Pense comigo, se alguém for na sua casa e colocar um chiclete ou areia no buraquinho da fechadura da sua porta, quando você colocar a chave ela vai funcionar? Ou então, se por alguma razão, a chave ficar torta, ela vai entrar na fechadura e conseguir girar para abrir a porta? Sabemos que teremos problema se essas situações acontecerem. No diabetes tipo 2 é semelhante: embora o corpo produza insulina, existem coisas que atrapalham ela de funcionar direito. No corpo não é um chiclete ou areia que vai emperrar esse funcionamento, mas sim o sobrepeso, a obesidade, o sedentarismo, o fumo e a genética.

Diabetes é evitável?

Agora você deve estar se perguntando se você consegue evitar tudo isso. Porém, na saúde, as respostas não são exatas. Eu sei, é um pouco frustrante, mas é a realidade e aqui temos que lidar com ela. Podemos evitar? Depende. Existem alguns fatores que são controláveis, que podemos mudar e evitar ou adiar o aparecimento do diabetes. Por exemplo, perder peso, parar de fumar, praticar exercícios físicos e ter uma alimentação saudável e equilibrada ajudam muito. Porém, temos alguns fatores que não são controláveis, como a genética. Nesse caso, não tem muita saída: o paciente pode desenvolver diabetes! Mas atenção: ter genética não é sentença, nem sempre o que está nos nossos genes acontece na realidade. Como falei, na saúde a gente tem que lidar com incertezas. Não se pode desistir de controlar os fatores controláveis só porque se tem genética para desenvolver o diabetes.

Falando em genética, o que é considerado ter genética para diabetes? Você pode ter mais risco de ter diabetes se algum parente de primeiro grau ter diabetes. Os parentes de primeiro grau são pais, irmãos e filhos. No caso dos avós, bisavós, a genética já fica mais longe e a change diminui, embora ainda seja possível herdar esses genes. Ultimamente, não existe um exame de rotina na prática clínica para saber se você tem esses genes, embora existem empresas de mapeamento genético que possam indicar algum dado interessante – mas, lembre-se, nem sempre vão se tornar realidade ou vão significar algo prático.

O diabetes é uma doença que está relacionada ao pâncreas?

Como aprendemos até aqui, o diabetes tem uma relação direta com o pâncreas, e deixe-me contar um pouco sobre isso de uma forma que facilite o entendimento. Mas agora vou usar outra analogia para melhorar o entendimento! Imagine que seu corpo é uma grande empresa com vários departamentos trabalhando juntos para mantê-la funcionando. Agora, pense no pâncreas como o departamento financeiro dessa empresa. Mas em vez de lidar com dinheiro, ele lida com algo ainda mais valioso para o nosso corpo: a insulina. Essa insulina é como o dinheiro que permite que a glicose (nossa principal fonte de energia, lembra?) seja "gasta" ou utilizada corretamente pelas células do nosso corpo para manter tudo funcionando bem.

No entanto, quando alguém tem diabetes, é como se esse departamento financeiro estivesse enfrentando problemas. No diabetes tipo 1, o corpo não produz insulina suficiente porque o próprio sistema imunológico ataca e destrói as células do pâncreas que a fabricam. É como se o departamento financeiro fosse fechado devido a um desastre interno, e não houvesse mais dinheiro (insulina) para distribuir.

No diabetes tipo 2, a situação é um pouco diferente. O departamento financeiro ainda está aberto e produz dinheiro (insulina), mas as células do corpo desenvolveram o que poderíamos chamar de "problema de gastos". Elas não respondem mais ao dinheiro (insulina) da maneira que deveriam. É como se elas tivessem esquecido como usar o dinheiro para fazer as compras necessárias (absorver glicose), então ele se acumula sem ter para onde ir, criando problemas na "economia" do corpo.

O diabetes é uma doença para a vida toda?

Compreender que o diabetes é uma condição para a vida toda (na saúde, chamamos isso de doença crônica) pode ser um pouco assustador no começo, mas vou te explicar de uma maneira que vai ajudar a ver isso sob uma luz diferente. Imagine que você adquire um novo aparelho eletrônico, como um smartphone ou um laptop. Quando você o compra, sabe que vai precisar cuidar bem dele para que continue funcionando da melhor forma possível. Você vai precisar atualizar o software, carregar a bateria regularmente, talvez até trocar algumas peças ao longo do tempo. De certa forma, viver com diabetes é parecido com isso. É como se você tivesse adquirido um "aparelho" que precisa de atenção e cuidado contínuos.

Sim, o diabetes é uma doença para a vida toda, pois infelizmente ainda não temos uma cura definitiva. No entanto, isso não significa que sua vida não possa ser plena, feliz e saudável. Com os cuidados certos, que incluem monitorar sua glicose, manter uma alimentação saudável, praticar exercícios físicos regularmente e, em alguns casos, tomar medicamentos ou insulina conforme orientação médica, você pode ter uma vida muito ativa e satisfatória.

Pense nisso como um compromisso de longo prazo com o seu bem-estar. Assim como você se adapta para manter seu smartphone funcionando, sua casa limpa, seu trabalho, adaptar-se ao manejo do diabetes é possível. E mais, com o tempo, esses cuidados se tornam parte da sua rotina, assim como carregar o telefone ou fazer backup dos seus arquivos.

Portanto, embora o diabetes seja uma condição para toda a vida, o modo como você lida com ele pode transformar essa jornada em uma experiência positiva. Com o apoio certo, conhecimento e as ferramentas adequadas, viver com diabetes se torna apenas mais um aspecto da sua vida, não o foco dela. E lembre-se, você não está sozinho nessa. Há uma comunidade inteira pronta para apoiá-lo, profissionais de saúde dedicados a ajudar e muitos recursos disponíveis para facilitar seu caminho.

O diabetes é reversível ou tem cura?

Esta é uma pergunta que ouço com frequência e ela carrega uma boa dose de esperança e curiosidade. Vamos abordá-la com a atenção que merece. Quando falamos sobre a reversão ou a cura do diabetes, é importante entender que a resposta pode variar dependendo do tipo de diabetes e de vários outros fatores, incluindo estilo de vida, genética e quão cedo a condição é detectada e tratada.

Para o diabetes tipo 1, a situação é mais clara: atualmente, não há cura. O diabetes tipo 1 é uma condição autoimune, onde o sistema imunológico ataca as células do pâncreas que produzem insulina. É isso mesmo: o próprio corpo destrói as células do pâncreas. Dessa forma, a fábrica que produz insulina não consegue mais produzi-la. Até o momento, não temos um meio de reverter essa condição permanentemente. O tratamento foca em gerenciar os níveis de glicose no sangue com insulina e em manter o indivíduo saudável e ativo.

Por outro lado, o diabetes tipo 2 oferece um cenário um pouco diferente. Em alguns casos, especialmente quando detectado precocemente e com mudanças significativas no estilo de vida – como dieta saudável, exercício regular e perda de peso – é possível alcançar o que chamamos de remissão. Isso significa que os níveis de glicose no sangue podem voltar ao normal sem a necessidade de medicação. No entanto, é crucial entender que isso não significa que o diabetes foi completamente curado. A predisposição permanece, e os níveis de glicose podem aumentar novamente se as mudanças no estilo de vida não forem mantidas.

Além disso, há pesquisas em andamento buscando novas formas de tratar e, quem sabe, curar o diabetes, incluindo terapias genéticas, transplante de células beta do pâncreas e medicamentos inovadores. Essas pesquisas são fontes de grande esperança, mas ainda estamos no caminho para encontrar uma cura definitiva.

Então, em resumo, enquanto o diabetes tipo 1 não tem cura atualmente, o tipo 2 pode, em alguns casos, ser revertido para um estado de remissão através de mudanças profundas e sustentadas no estilo de vida. Mas lembre-se, cada pessoa é única, e o que funciona para uma pode não funcionar para outra. O mais importante é trabalhar de perto com profissionais de saúde para encontrar o plano de tratamento que funciona melhor para você, mantendo sempre a esperança e o compromisso com sua saúde e bem-estar.

O diabetes é transmissível?

A pergunta sobre a transmissibilidade do diabetes é bastante comum e importante, então vamos esclarecer isso de uma vez por todas: o diabetes não é uma doença transmissível ou contagiosa. Isso significa que você não pode "pegar" diabetes de outra pessoa como se pega um resfriado ou uma gripe. Você não vai desenvolver diabetes por estar próximo a alguém que tem a condição, compartilhar alimentos ou bebidas com ela ou mesmo por contato físico.

Entretanto, o que pode ser "transmitido" no sentido de passar de pais para filhos é a predisposição genética ao diabetes. Isso significa que se há histórico de diabetes na sua família, suas chances de desenvolver a condição podem ser maiores. Mas isso não é uma garantia de que você terá diabetes; é mais como um sinal de que você deve prestar atenção especial à sua saúde, adotando um estilo de vida saudável para reduzir seus riscos.

Assim, a mensagem aqui é clara: diabetes não é uma doença contagiosa. Porém, a conscientização sobre a saúde, a atenção ao seu corpo e a adoção de hábitos saudáveis são fundamentais, especialmente se você souber que há um histórico familiar da doença. Isso inclui manter uma dieta equilibrada, praticar exercícios regularmente, monitorar seu peso e consultar profissionais de saúde para avaliações regulares, ajudando assim a manter o diabetes longe ou, se já tiver a condição, a gerenciá-la da melhor maneira possível.

O diabetes vai me matar?

Abordar uma preocupação tão profunda e pessoal merece toda a nossa sensibilidade e atenção. Se você está se perguntando se o diabetes pode ser uma sentença de morte, quero que saiba que essa preocupação, embora compreensível, não reflete o poder que você tem em suas mãos.

Primeiramente, é importante reconhecer que o diabetes é, sim, uma condição séria que requer atenção e cuidado contínuos. Não posso esconder de você que ela pode trazer desafios para a sua saúde e bem-estar! No entanto, com o manejo adequado e as mudanças certas no estilo de vida, muitas pessoas com diabetes vivem vidas longas, saudáveis e plenas. Acima de tudo: vidas felizes, que é o que importa!

O segredo para transformar essa condição em uma parte gerenciável da sua vida está no controle. Isso inclui monitorar regularmente seus níveis de glicose no sangue, seguir as orientações médicas, manter uma alimentação equilibrada e nutritiva, praticar atividades físicas regularmente e, se necessário, utilizar medicamentos ou insulina conforme prescritos. Entendo que, às vezes, pode parecer opressor, mas quero que veja isso como uma jornada em que cada passo positivo que você dá contribui para sua saúde e qualidade de vida. E você não está sozinho nessa jornada. Existe uma comunidade inteira de profissionais de saúde, grupos de apoio e pessoas que compartilham experiências similares, todos prontos para ajudar e oferecer suporte.

Lembre-se: o diabetes não define quem você é. Você tem o controle e o poder de influenciar significativamente sua saúde e seu futuro. Com comprometimento e o apoio certo, o diabetes pode se tornar apenas um aspecto da sua vida, não o foco dela. Além disso, o avanço na medicina e nas tecnologias de saúde continua a melhorar o modo como vivemos com o diabetes. Hoje, temos melhores formas de monitoramento, tratamentos mais eficazes e uma compreensão mais profunda de como manter o bem-estar com diabetes do que nunca.

Portanto, embora o diabetes seja uma condição séria, com o cuidado e a atenção adequados, ele não é uma sentença de morte. É uma condição que você pode gerenciar e com a qual pode viver bem, aproveitando cada momento da sua vida ao máximo. E sempre que precisar de um lembrete disso, ou de um pouco de apoio, saiba que há pessoas e recursos prontos para ajudá-lo a viver não apenas mais, mas melhor.

Quais são os fatores de risco para desenvolver diabetes?

Imagine um copo d'água colocado sob uma torneira que goteja. Cada gota que cai no copo representa um fator de risco para o desenvolvimento do diabetes. Quando o copo está vazio ou quase vazio, ele pode lidar facilmente com algumas gotas sem transbordar. Mas à medida que mais e mais gotas caem no copo, ele começa a encher. Se continuarmos a adicionar gotas, eventualmente, o copo transbordará. Essa imagem é uma boa analogia para entendermos como os fatores de risco para o diabetes se acumulam e, quando em excesso, podem levar ao desenvolvimento da doença.

Agora, vamos falar sobre quais são essas "gotas" ou fatores de risco que contribuem para o risco de desenvolver diabetes: um desses fatores é a genética ou o histórico familiar. Ter parentes próximos com diabetes é como começar com o copo já parcialmente cheio. Embora não possamos mudar nossa genética, estar ciente disso pode nos incentivar a ficar mais atentos a outros fatores de risco. À medida que envelhecemos, o risco de desenvolver diabetes tipo 2 também aumenta, adicionando gotas ao copo com o passar dos anos, ou seja, a idade é um fator importante.

O sobrepeso e a obesidade são como deixar a torneira aberta, aumentando significativamente o fluxo de água para o copo. A gordura, especialmente a que se acumula ao redor da cintura, eleva drasticamente o risco de diabetes. Da mesma forma, a inatividade física contribui para esse acúmulo, pois o exercício não apenas ajuda a controlar o peso, mas também utiliza a glicose como energia e torna as células mais sensíveis à insulina.

A alimentação também desempenha um papel crucial. Uma dieta rica em calorias, gorduras saturadas, açúcares refinados e pobre em fibras e nutrientes é como adicionar gotas consistentes ao copo. Além disso, condições como hipertensão e colesterol alto não só aumentam o risco cardiovascular, mas também adicionam ao risco de desenvolver diabetes.

O hábito de fumar é outra fonte de gotas, aumentando tanto o risco de diabetes quanto suas complicações. Fumar é muito ruim para vários aspectos da nossa saúde, mesmo sendo um vício extremamente difícil de ser abandonado, se você fuma você deve buscar apoio e lidar com coragem com esse desafio. Além disso, o estresse crônico e problemas de saúde mental, como ansiedade e depressão, podem levar a um estilo de vida menos saudável, contribuindo ainda mais para o risco de diabetes.

No entanto, a notícia encorajadora é que muitos desses fatores de risco são modificáveis ou controláveis. Isso significa que temos o poder de "retirar gotas do copo" através de mudanças no estilo de vida. Melhorar a dieta, aumentar a atividade física, perder peso, se necessário, e parar de fumar são todas medidas que podem fazer uma grande diferença. Mesmo ajustes menores podem ajudar a prevenir que o copo transborde, evitando assim o desenvolvimento do diabetes. Portanto, a prevenção é uma ferramenta poderosa. Ao tomar medidas conscientes para reduzir esses fatores de risco, estamos essencialmente controlando o nível de água no copo, mantendo-o num nível gerenciável, permitindo que o corpo lide com ele sem a ameaça de transbordar para o diabetes.

O diabetes é de família?

Quando falamos sobre o diabetes, frequentemente surge a pergunta: "Isso é de família?" A resposta é um pouco mais complexa do que um simples sim ou não, mas vamos tentar esclarecer de uma forma compreensível. Imagine que cada família tem um livro de receitas que passa de geração para geração. Algumas dessas receitas podem incluir o modo de preparo para certos pratos deliciosos, enquanto outras podem trazer conselhos menos agradáveis, como uma predisposição para o diabetes. Essa predisposição é especialmente relevante quando falamos sobre parentes de primeiro grau, como pais, irmãos e filhos.

Ter um parente de primeiro grau com diabetes é como herdar uma receita que aumenta suas chances de também preparar esse prato – neste caso, desenvolver diabetes. Esse risco é mais significativo no caso do diabetes tipo 2, que é mais comum e está frequentemente ligado a fatores de estilo de vida, além da genética.

No entanto, aqui está uma notícia encorajadora: mesmo se você herdar essa "receita", você tem o poder de mudar os ingredientes. Estilo de vida saudável, alimentação equilibrada, atividade física regular e manutenção de um peso saudável podem alterar significativamente a forma como essa receita se manifesta. Em outras palavras, mesmo que haja uma predisposição genética para o diabetes, você pode tomar medidas para reduzir significativamente o risco de desenvolvê-lo.

Portanto, sim, o diabetes pode ser "de família", especialmente se você tem parentes de primeiro grau que o têm. Mas lembre-se, ter o "livro de receitas" não significa que você é obrigado a preparar todos os pratos da mesma maneira. Você tem a capacidade de modificar a receita para sua saúde e bem-estar, escolhendo ingredientes mais saudáveis para a sua vida.

Quem pode ter diabetes?

Quando nos perguntamos quem pode ter diabetes, é importante entender que esta condição pode afetar uma ampla variedade de pessoas, sem distinção absoluta baseada em critérios simples como idade, gênero, etnia ou status socioeconômico. Imagine o diabetes como uma condição universal que, sob certas circunstâncias, pode se desenvolver em quase qualquer um. Isso não significa que todos terão diabetes, mas sim que existem vários fatores que podem aumentar a probabilidade de desenvolvê-la.

O diabetes é como uma porta que pode ser aberta por diferentes chaves. Algumas pessoas podem ter mais chaves devido à genética ou ao histórico familiar, o que discutimos anteriormente na questão sobre o diabetes ser "de família". Outras podem acabar coletando essas chaves ao longo da vida, através de escolhas de estilo de vida, hábitos alimentares e níveis de atividade física. Importante ressaltar que discutimos os fatores de risco para o desenvolvimento do diabetes em detalhes em outra parte deste livro, o que pode fornecer uma compreensão mais profunda sobre quem pode estar mais propenso a essa condição.

O diabetes não faz distinções claras e pode se desenvolver em pessoas de todas as idades, desde crianças até idosos, afetando ambos os sexos e todas as etnias. Embora certos grupos possam ter um risco maior devido a fatores genéticos ou ambientais, a verdade é que o ambiente moderno, combinado com estilos de vida sedentários e dietas desequilibradas, aumentou o risco de diabetes para uma parcela muito mais ampla da população global.

Assim, a mensagem que gostaríamos de transmitir é que, independentemente de quem você seja, há medidas que podem ser tomadas para reduzir o risco de desenvolver diabetes ou para gerenciá-lo eficazmente se você já foi diagnosticado. Manter-se informado sobre os fatores de risco, como detalhado em outra seção, e adotar um estilo de vida saudável são etapas cruciais para todos, independentemente do risco inicial.

Além disso, vale mencionar uma ferramenta valiosa que nós profissionais de saúde utilizamos na avaliação do risco de desenvolver diabetes tipo 2: o FINDRISC (*Finnish Diabetes Risk Score*). Este questionário foi desenvolvido com base em pesquisas extensivas e é usado mundialmente para ajudar indivíduos e profissionais de saúde a identificar o risco de diabetes tipo 2 em um estágio precoce. Ao responder a um conjunto simples de perguntas relacionadas a fatores como idade, peso, histórico familiar de diabetes, hábitos alimentares e nível de atividade física, você pode obter uma pontuação que reflete seu risco atual de desenvolver diabetes tipo 2 nos próximos 10 anos.

O FINDRISC é um exemplo excelente de como a conscientização e a prevenção podem ser acessíveis e fáceis de implementar. Ele destaca a importância de estar atento aos fatores de risco discutidos anteriormente, incentivando a adoção de medidas preventivas e a busca por orientação médica quando necessário, para manter o diabetes longe ou gerenciá-lo eficazmente caso já esteja presente. Se você não tem diabetes, qual é o seu risco de desenvolvê-lo? Procure um profissional de saúde capacitado em rastreamento em saúde, como um médico ou um farmacêutico, e solicite que ele aplique o FINDRISC em você.

Capítulo 2: Tipos de Diabetes

Quais são os tipos de diabetes?

Ao explorarmos o mundo do diabetes, descobrimos que ele não é um território único, mas sim composto por diferentes paisagens, ou melhor, tipos. Cada tipo de diabetes tem suas características, causas e maneiras de gerenciamento, o que é crucial para entendermos como navegar por esse território.

O primeiro tipo que encontramos em nossa jornada é o Diabetes Tipo 1. Esta forma de diabetes é como uma tempestade repentina que interrompe o fornecimento de energia, pois o sistema imunológico do corpo, em um equívoco, ataca as células produtoras de insulina no pâncreas, reduzindo drasticamente a produção de insulina. A insulina é essencial para permitir que a glicose, nosso combustível celular, entre nas células. Sem insulina suficiente, a glicose acumula-se no sangue, levando a níveis elevados de açúcar no sangue. Pessoas com Diabetes Tipo 1 precisam de insulina diariamente para manter o equilíbrio, tornando-se navegadores habilidosos que ajustam constantemente suas velas para manter o curso.

Em seguida, temos o Diabetes Tipo 2, o tipo mais comum, representando a maioria dos casos. Esta forma pode ser comparada a um rio que gradualmente transborda suas margens devido a anos de acumulação de sedimentos. No contexto do diabetes, esse "sedimento" pode ser o resultado de fatores como obesidade, inatividade física e genética, que levam à resistência à insulina. Com o tempo, o corpo não consegue usar a insulina eficientemente, resultando em níveis elevados de glicose no sangue. O manejo do Diabetes Tipo 2 pode envolver mudanças no estilo de vida, medicamentos orais e, em alguns casos, insulina.

Além desses dois principais tipos, encontramos o Diabetes Gestacional, uma condição temporária que ocorre durante a gravidez. Como uma ponte construída para atravessar um rio, o corpo da mulher grávida pode desenvolver resistência à insulina devido aos hormônios da gravidez, levando a níveis elevados de glicose no sangue. Geralmente, essa condição se resolve após o parto, mas é um sinal de alerta para um possível desenvolvimento de Diabetes Tipo 2 no futuro.

Cada tipo de diabetes requer uma abordagem única, tanto em termos de gerenciamento quanto de tratamento. É como se cada pessoa com diabetes tivesse seu próprio mapa, indicando um caminho personalizado de cuidado e controle. Conhecer o tipo de diabetes é o primeiro passo para entender como navegar por esse território, garantindo uma viagem segura e saudável. Assim, com o conhecimento adequado e o suporte certo, é possível viver bem com diabetes, independentemente do tipo.

Qual tipo de diabetes toma insulina?

Ao abordar a questão de qual tipo de diabetes requer o uso de insulina, é importante esclarecer que tanto pessoas com Diabetes Tipo 1 quanto algumas com Diabetes Tipo 2 podem precisar dessa forma de tratamento. No entanto, a necessidade e o papel da insulina variam significativamente entre os dois tipos.

No Diabetes Tipo 1, o uso de insulina é indispensável desde o diagnóstico. Este tipo ocorre quando o sistema imunológico do corpo ataca e destrói as células beta do pâncreas, responsáveis pela produção de insulina. Sem insulina, a glicose não consegue entrar nas células para ser usada como energia, resultando em níveis elevados de glicose no sangue. Portanto, para as pessoas com Diabetes Tipo 1, a insulina não é apenas uma opção de tratamento; é uma necessidade vital para a sobrevivência. Elas precisam administrar insulina diariamente através de injeções ou uma bomba de insulina para manter seus níveis de glicose no sangue dentro de um intervalo saudável.

Por outro lado, no Diabetes Tipo 2, a situação é um pouco diferente. Este tipo está frequentemente associado à resistência à insulina, onde o corpo ainda produz insulina, mas as células não respondem a ela de maneira eficaz. Inicialmente, o tratamento do Diabetes Tipo 2 foca em mudanças no estilo de vida, como dieta e exercício, além de medicamentos orais que ajudam a melhorar a eficácia da insulina ou reduzir a quantidade de glicose produzida pelo fígado. No entanto, à medida que a doença progride, o pâncreas pode começar a produzir menos insulina. Nesse estágio, algumas pessoas com Diabetes Tipo 2 também podem precisar de insulina para controlar seus níveis de glicose no sangue.

Assim, enquanto a insulina é essencial para todos com Diabetes Tipo 1, seu uso em pessoas com Diabetes Tipo 2 depende da fase da doença e de quão bem os níveis de glicose estão sendo controlados com outros métodos. O objetivo principal, independentemente do tipo, é manter os níveis de glicose no sangue tão normais quanto possível, reduzindo o risco de complicações associadas ao diabetes. A decisão de iniciar a insulina é feita com base em uma avaliação cuidadosa de cada caso, sempre visando o melhor manejo possível da condição.

Qual tipo de diabetes é mais grave?

Classificar um tipo de diabetes como mais grave do que outro não é tão simples quanto pode parecer, pois a gravidade de qualquer tipo de diabetes depende de uma variedade de fatores, incluindo quão bem a condição é gerenciada, a presença de complicações e como ela afeta a vida do indivíduo. No entanto, vou explorar as nuances de cada tipo para entender melhor essa questão.

Como vimos em respostas anteriores, o Diabetes Tipo 1 é uma condição autoimune que resulta na destruição das células beta do pâncreas, que produzem insulina, levando a uma dependência vitalícia de insulina injetável para manter os níveis de glicose no sangue controlados. Sem insulina, indivíduos com Diabetes Tipo 1 podem desenvolver condições potencialmente fatais, como cetoacidose diabética, em um curto período. Portanto, pode-se argumentar que o Diabetes Tipo 1 tem um início mais grave devido à sua natureza autoimune e à necessidade imediata e contínua de terapia com insulina.

Por outro lado, o Diabetes Tipo 2, que é mais comum, desenvolve-se gradualmente e é muitas vezes inicialmente gerenciado com mudanças no estilo de vida e medicamentos orais antes de haver a necessidade de insulina. No entanto, o Diabetes Tipo 2 pode ser insidioso, levando a complicações a longo prazo que afetam a saúde do coração, rins, olhos e outros órgãos. Quando não gerenciado adequadamente, o Diabetes Tipo 2 pode se tornar extremamente grave e resultar em consequências para a saúde tão significativas quanto ou até mais graves do que as do Diabetes Tipo 1.

O Diabetes Gestacional, que ocorre durante a gravidez, também apresenta riscos tanto para a mãe quanto para o bebê, mas geralmente é temporário. No entanto, ele aumenta o risco de desenvolvimento futuro de Diabetes Tipo 2 tanto para a mãe quanto para a criança.

Portanto, em vez de considerar um tipo de diabetes mais grave que o outro, é mais útil reconhecer que todos os tipos de diabetes são sérios e requerem gestão e atenção adequadas. O impacto do diabetes na qualidade de vida de uma pessoa, bem como o potencial de complicações graves, enfatiza a importância de um diagnóstico precoce, um plano de tratamento eficaz e uma gestão proativa da condição. Com um gerenciamento adequado, pessoas com qualquer tipo de diabetes podem levar vidas longas e saudáveis.

O que é o diabetes tipo 1?

Imagine que dentro de você existe um pequeno universo, um mundo complexo e maravilhosamente equilibrado onde tudo funciona em harmonia. No centro desse universo, há uma fábrica vital chamada pâncreas, cuja função é produzir um elixir mágico chamado insulina. Este elixir tem o poder de controlar a glicose, a energia que vem dos alimentos que você consome. No entanto, em algumas pessoas, acontece um evento inesperado neste universo interno: o Diabetes Tipo 1.

Imagine o Diabetes Tipo 1 como uma tempestade inesperada que atinge essa fábrica de insulina, danificando-a até que não possa mais produzir o elixir mágico. Essa tempestade é desencadeada pelo próprio sistema de defesa do corpo, que por alguma razão começa a ver a fábrica como uma ameaça e a ataca. Sem insulina, a glicose não consegue entrar nas células e começa a se acumular no sangue, como nuvens de tempestade se acumulando no céu, trazendo consigo uma série de desafios para o corpo.

Pessoas com Diabetes Tipo 1 se tornam exploradores em seu próprio universo, aprendendo a navegar nessa nova realidade. Eles se tornam mestres na arte de monitorar os níveis de glicose no sangue e aprender a administrar insulina artificialmente, para manter o equilíbrio no seu mundo interno. Essa insulina pode ser administrada através de injeções ou bombas de insulina, pequenos dispositivos que ajudam a entregar a quantidade certa de insulina no momento certo.

Apesar de ser uma aventura inesperada e às vezes desafiadora, com o conhecimento certo e as ferramentas adequadas, pessoas com Diabetes Tipo 1 podem viver vidas plenas e saudáveis. Eles se tornam heróis em suas próprias histórias, enfrentando cada dia com coragem, aprendendo mais sobre si mesmos e sobre o universo incrível que é o corpo humano.

Portanto, o Diabetes Tipo 1 é uma jornada única para cada pessoa que vive com ela, repleta de aprendizado, crescimento e, acima de tudo, de uma capacidade incrível de adaptar-se e prosperar, mesmo diante dos desafios. É uma prova da resiliência humana e da capacidade de encontrar esperança e força, mesmo quando a tempestade chega.

O que é o diabetes tipo 2?

Imagine o Diabetes Tipo 2 através da lente da famosa fábula da cigarra e da formiga, onde a cigarra passa todo o verão cantando, sem se preocupar com o futuro, enquanto a formiga trabalha arduamente para armazenar alimento para o inverno. Esta história clássica oferece uma analogia perspicaz para entendermos o Diabetes Tipo 2, destacando a importância da preparação e do manejo proativo.

No nosso caso, o corpo humano é o cenário onde a fábula se desenrola. Durante os "verões" da nossa vida, quando jovens e muitas vezes sem nos preocuparmos com as consequências futuras, podemos nos comportar como a cigarra, desfrutando dos prazeres imediatos sem pensar no impacto a longo prazo. Consumimos alimentos ricos em açúcares e gorduras, levamos um estilo de vida sedentário, e ignoramos os conselhos sobre a importância de um estilo de vida saudável, semelhante à cigarra que canta durante o verão sem preparar-se para o inverno.

O Diabetes Tipo 2 se desenvolve gradualmente, como o inverno que se aproxima lentamente da cigarra despreparada. Neste tipo de diabetes, o corpo ainda produz insulina, o elixir que permite à glicose entrar nas células e ser usada como energia. No entanto, ao longo do tempo, o corpo começa a reagir menos à insulina que produz, uma condição conhecida como resistência à insulina.

As pessoas com Diabetes Tipo 2 são como as cigarras que foram surpreendidas pelo inverno. Elas precisam começar a agir como as formigas, trabalhando arduamente para restaurar o equilíbrio, gerenciar sua condição e preparar-se para os desafios futuros. Isso pode incluir modificar a dieta para alimentos mais saudáveis, aumentar a atividade física para usar a glicose de forma mais eficiente e, em alguns casos, usar medicamentos para ajudar o corpo a usar a insulina mais eficazmente ou reduzir a quantidade de glicose no sangue.

Assim, o Diabetes Tipo 2 é um lembrete da importância de agir como a formiga, não apenas no verão, mas ao longo de toda a nossa vida, preparando-nos e adaptando nossos hábitos para garantir a saúde e o bem-estar a longo prazo. Com ações conscientes e proativas, é possível gerenciar o Diabetes Tipo 2 eficazmente, permitindo uma vida plena e saudável, mesmo diante deste desafio.

Adultos podem desenvolver diabetes tipo 1?

Um fato importante sobre o Diabetes Tipo 1 é que ele se desenvolve mais na infância, diferente do Diabetes Tipo 2 que é mais comum em adultos. Porém, sim, adultos podem desenvolver Diabetes Tipo 1, uma condição frequentemente associada à infância. Para entender isso, vamos imaginar que o sistema imunológico é como um guarda florestal diligente de um vasto e belo parque, cuja função é proteger a área contra incêndios, invasores e qualquer coisa que possa perturbar a paz e harmonia do parque.

No caso do Diabetes Tipo 1, é como se, por um equívoco, esse guarda florestal começasse a ver algumas das árvores mais importantes do parque - as células beta produtoras de insulina no pâncreas - como uma ameaça e decidisse derrubá-las. Sem essas árvores vitais, o parque (ou neste caso, o corpo) não pode manter seu equilíbrio natural, pois a insulina é crucial para permitir que a glicose entre nas células e seja usada como energia.

Este fenômeno, conhecido como Diabetes Tipo 1, é mais comumente diagnosticado em crianças e adolescentes, mas pode ocorrer em qualquer idade, incluindo na vida adulta. Quando adultos são diagnosticados com essa condição, às vezes é referido como Diabetes Tipo 1 de início tardio ou LADA (Diabetes Autoimune Latente em Adultos). LADA compartilha características tanto do Tipo 1 quanto do Tipo 2 e pode ser mal diagnosticado inicialmente como Diabetes Tipo 2 devido à idade do paciente.

O desenvolvimento do Diabetes Tipo 1 em adultos pode ser um pouco mais lento quando comparado com crianças, o que às vezes torna o diagnóstico mais desafiador. Os adultos podem precisar começar a terapia com insulina logo após o diagnóstico para ajudar a manter os níveis adequados de glicose no sangue e proteger o "parque" contra os danos causados pela alta glicose.

Reconhecer que adultos podem desenvolver Diabetes Tipo 1 é crucial para o diagnóstico correto e o tratamento adequado, garantindo que o guarda florestal possa voltar a proteger o parque da forma mais eficaz possível, mantendo a harmonia e a saúde do ecossistema do corpo. Por isso, é importante que você se consulte com um médico habilidoso, pois os médicos, sobretudo os endocrinologistas, são os profissionais responsáveis pelo diagnóstico correto do diabetes.

Crianças podem desenvolver o diabetes tipo 2?

As crianças podem desenvolver o Diabetes Tipo 2, uma realidade que tem se tornado mais frequente nos últimos anos. Para entender essa mudança, vamos usar a analogia de um jardim que era tradicionalmente conhecido por florescer em uma certa estação, mas que começa a mostrar sinais de mudança devido a variações no clima e no ambiente.

Historicamente, o Diabetes Tipo 2 era uma condição associada aos adultos, frequentemente ligada ao estilo de vida e à idade. No entanto, assim como um jardim que começa a mudar seus padrões de floração devido a alterações climáticas, o panorama do Diabetes Tipo 2 está mudando, e agora vemos mais crianças e adolescentes sendo diagnosticados com essa condição. Essa mudança é em grande parte devido a mudanças no estilo de vida, incluindo dietas ricas em alimentos processados e açucarados, além de um aumento na inatividade física, que contribuem para o aumento de casos de sobrepeso e obesidade entre os jovens.

Assim como um jardineiro que observa essas mudanças inesperadas e começa a adaptar suas práticas para cuidar do jardim, profissionais de saúde estão adaptando suas abordagens para reconhecer e tratar o Diabetes Tipo 2 em uma população mais jovem.

A detecção precoce e as intervenções, como a promoção de uma alimentação saudável e o incentivo à atividade física regular, são essenciais para ajudar a prevenir ou gerenciar o Diabetes Tipo 2 em crianças.

Além disso, a educação para a saúde e o envolvimento da família são componentes cruciais para apoiar as crianças na adoção de hábitos saudáveis de vida. Assim como um jardim precisa de cuidado contínuo e adaptação às mudanças sazonais para florescer, as crianças precisam de orientação e apoio contínuos para cultivar um estilo de vida que promova a saúde e o bem-estar a longo prazo. E a responsabilidade disso recai sobre nós, adultos!

Portanto, enquanto o Diabetes Tipo 2 em crianças era relativamente raro no passado, agora é uma realidade com a qual precisamos nos preocupar e agir. Assim como um jardim que requer atenção e cuidado para enfrentar desafios inesperados, o aumento do Diabetes Tipo 2 em crianças nos chama para uma ação coletiva para enfrentar esse desafio de saúde pública crescente.

O que é o diabetes gestacional?

O diabetes gestacional é uma condição que aparece ou é diagnosticada pela primeira vez durante a gravidez. Não é simplesmente uma questão de ter ou não ter predisposição anterior; é uma condição específica que afeta mulheres durante um período muito especial de suas vidas: a gestação.

Durante a gravidez, o corpo da mulher passa por várias mudanças hormonais significativas, algumas das quais podem levar a um aumento dos níveis de glicose no sangue. Em algumas mulheres, este aumento pode exceder o que o corpo pode gerenciar com a insulina que produz, resultando em níveis de glicose que são mais altos do que o normal. Essa condição é o que chamamos de diabetes gestacional.

O diagnóstico é geralmente feito através de testes de glicose no sangue, que são parte dos cuidados pré-natais padrão. Por isso, gestantes e furas mamães, não deixem de fazer um excelente pré-natal! É importante detectar e tratar o diabetes gestacional, pois pode aumentar o risco de complicações tanto para a mãe quanto para o bebê. Para a mãe, essas complicações podem incluir hipertensão induzida pela gravidez e dificuldades no parto; para o bebê, pode haver riscos de crescimento excessivo, parto prematuro e maior chance de desenvolver diabetes tipo 2 mais tarde na vida.

A boa notícia é que, com o monitoramento e a gestão adequados, incluindo mudanças na dieta, aumento da atividade física e, em alguns casos, medicação, é possível manter o controle sobre o diabetes gestacional e reduzir significativamente o risco de complicações. Após o parto, o diabetes gestacional geralmente se resolve, mas mulheres que tiveram a condição são mais propensas a desenvolver diabetes tipo 2 no futuro, por isso é recomendado que continuem a monitorar seus níveis de glicose e mantenham um estilo de vida saudável.

O que o diabetes gestacional pode causar para a mãe e para o bebê?

Quando falamos sobre diabetes gestacional, é fundamental entender que essa condição não afeta apenas a mãe, mas também tem implicações significativas para o bebê. Durante a gravidez, o corpo da mãe passa por mudanças hormonais que podem levar ao desenvolvimento do diabetes gestacional. Essa condição caracteriza-se pelo aumento dos níveis de glicose no sangue, o que pode trazer complicações tanto durante a gestação quanto no momento do parto e após o nascimento.

Para a mãe, o diabetes gestacional pode aumentar o risco de desenvolver hipertensão induzida pela gravidez, conhecida também como pré-eclâmpsia. Essa condição é séria e requer atenção médica, pois pode afetar diversos órgãos e levar a complicações tanto para a mãe quanto para o bebê. Além disso, mães com diabetes gestacional têm maior probabilidade de necessitar de um parto cesáreo devido ao aumento do tamanho do bebê, uma condição chamada macrossomia, que pode dificultar o parto vaginal. Outra preocupação a longo prazo é o risco aumentado de desenvolver diabetes tipo 2 após a gravidez. Isso significa que mulheres que tiveram diabetes gestacional devem continuar monitorando seus níveis de glicose e manter um estilo de vida saudável para minimizar esse risco.

Do lado do bebê, as complicações podem começar desde o desenvolvimento intrauterino. Bebês de mães com diabetes gestacional correm o risco de crescer mais do que o normal, o que não apenas complica o parto, mas também pode levar a lesões durante o nascimento. Após o nascimento, esses bebês podem enfrentar desafios como hipoglicemia, ou baixo nível de açúcar no sangue, que requer intervenção imediata para evitar complicações adicionais.

Além disso, esses bebês têm maior probabilidade de desenvolver problemas respiratórios e, mais tarde na vida, correm um risco maior de obesidade e diabetes tipo 2, perpetuando um ciclo de desafios de saúde que podem ser mitigados com o cuidado e atenção adequados desde o início.

Portanto, o gerenciamento do diabetes gestacional é crucial e envolve uma combinação de monitoramento cuidadoso dos níveis de glicose, uma dieta balanceada, exercícios regulares e, se necessário, medicação sob orientação médica. Essas medidas não apenas ajudam a garantir uma gravidez mais saudável e um parto seguro, mas também contribuem para o bem-estar a longo prazo tanto da mãe quanto do bebê. É uma jornada que requer comprometimento e apoio, mas com as ações corretas, é possível minimizar os riscos associados e promover um início de vida saudável para o bebê.

Capítulo 3: Complicações do Diabetes

Por que pessoas com diabetes são consideradas um grupo de risco?

Primeiro, preciso que você leitor entenda o conceito de "grupo de risco". Quando falamos sobre "grupo de risco" na saúde, estamos nos referindo a um conjunto de pessoas que têm maior probabilidade de enfrentar complicações em determinadas situações, como é o caso de doenças ou condições de saúde específicas. Imagine, por um momento, que a vida é como um sorteio da loteria, onde todos nós temos números no jogo. Para a maioria das situações, nossos números ficam lá, quietinhos, sem serem sorteados. Mas, para pessoas em grupos de risco, é como se eles tivessem mais números nesse sorteio, aumentando as chances de serem "sorteados" para enfrentar certos desafios de saúde.

Pessoas com diabetes são consideradas um grupo de risco, especialmente quando falamos sobre problemas do coração e do sistema cardiovascular (que leva sangue para todas as partes do corpo), infecções ou outras condições de saúde. O diabetes afeta a capacidade do corpo de utilizar a glicose no sangue eficientemente, levando a níveis elevados de açúcar no sangue. Esses níveis elevados podem enfraquecer o sistema imunológico, tornando o corpo menos capaz de lutar contra infecções.

Além disso, o diabetes pode levar a complicações danos nos nervos, problemas renais e danos à visão. Essas condições podem ser exacerbadas por infecções ou por outras doenças, tornando a recuperação mais difícil e prolongada. Por exemplo, uma simples gripe ou uma infecção pode se tornar uma situação muito mais séria para alguém com diabetes, pois seu corpo já está lidando com os desafios impostos pelos níveis elevados de glicose.

Ser parte de um grupo de risco não significa que essas complicações são uma certeza, mas sim que há uma necessidade maior de vigilância e cuidado. É por isso que a prevenção, o monitoramento cuidadoso da glicose no sangue e a manutenção de um estilo de vida saudável são ainda mais importantes para pessoas com diabetes. Eles têm que jogar o jogo da saúde com uma estratégia mais cuidadosa, garantindo que seus "números" extras no sorteio da loteria da saúde não sejam sorteados.

Portanto, ao considerar pessoas com diabetes como parte de um grupo de risco, estamos reconhecendo os desafios adicionais que elas enfrentam e destacando a importância de um suporte e cuidado extra para ajudá-las a viver vidas saudáveis e plenas. Com empatia, compreensão e ações proativas, podemos todos ajudar a reduzir o impacto desses riscos e promover um bem-estar maior para todos, especialmente para aqueles em grupos de risco. Seu profissional de saúde de confiança vai discutir com você estratégias adicionais para diminuir seus números extras nessa loteria.

Que complicações o diabetes pode causar?

Entender as complicações que o diabetes pode causar é como desvendar um mapa de uma terra desconhecida, onde cada território representa uma parte diferente do corpo humano. Ao explorar este mapa, podemos perceber como o desequilíbrio causado pelo diabetes afeta cada região de forma única. Vou explicar em detalhes as principais complicações que o diabetes pode causar de uma forma que você, leitor, entenda. Vou deixar, propositalmente, os termos difíceis e complexos de lado.

No coração deste mapa, encontramos o sistema circulatório, composto por rios e estradas que são nossos vasos sanguíneos. O diabetes pode tornar essas vias navegáveis turbulentas e obstruídas, aumentando o risco de problemas cardíacos. Isso acontece porque o excesso de glicose no sangue pode causar danos às paredes dos vasos sanguíneos, tornando-os mais rígidos e estreitos, um fenômeno conhecido como aterosclerose. Essa condição pode levar a ataques cardíacos (infartos) ou derrames cerebrais (AVC), pois o fluxo sanguíneo para o coração ou cérebro é reduzido ou bloqueado. É por isso que o paciente com diabetes geralmente é considerado um paciente com alto risco cardiovascular e precisa tomar um medicamento muito importante chamado "estatina", que ajuda a prevenir isso tudo de acontecer.

Aqui, também precisamos falar sobre a dislipidemia, outra complicação frequente, que é caracterizada por níveis anormais de lipídios no sangue, incluindo colesterol alto. Nós nos preocupamos principalmente com o colesterol ruim, que tem o nome de LDL. Quanto maior o LDL, pior para o paciente com e sem diabetes. Esse desequilíbrio pode acelerar o processo de aterosclerose que já comentei com você, aumentando ainda mais o risco de doenças cardiovasculares. Aqui, o medicamento "estatina" também contribui com um grande poder, limpando o nosso sangue desse colesterol LDL ruim.

Ao seguir o fluxo do rio, podemos chegar aos olhos. Os olhos possuem pequenas, mas complexas estruturas que dependem de uma rede de vasos sanguíneos muito finos para funcionar. Lembra que o diabetes pode danificar os vasos sanguíneos? Pois nos olhos é ainda pior: como os vasos sanguíneos são muito finos, eles se danificam com muita facilidade. Com isso, o diabetes pode turvar as águas claras que banham os olhos, causando danos à retina, a parte do olho responsável pela captação de imagens. Essa condição é conhecida como retinopatia diabética e, se não for tratada, pode levar à perda de visão ou até mesmo à cegueira. E veja só: é importante que o paciente com diabetes visite o oftalmologista todos os anos para avaliar isso! Muitos pacientes nem sabem dessa informação e deixam para visitar o oftalmologista só quando o problema já apareceu. Na saúde, de forma geral, nós tentamos evitar ao máximo as coisas antes que elas apareçam, pois evitar que os problemas apareçam é muito mais fácil do que tratar esses problemas depois deles estarem presentes.

Descendo pelo mapa, chegamos aos rins, dois filtros poderosos que limpam nosso sangue. Os rins tiram do nosso corpo toda a "sujeira", restos de coisas que sobram do nosso metabolismo e que fazem mal ao nosso corpo. Eu gosto de falar para meus pacientes que os rins parecem filtros de café! O diabetes pode sobrecarregar esses filtros, danificando-os ao ponto de não conseguirem mais realizar seu trabalho eficientemente. Assim como os olhos, os rins possuem vasos sanguíneos muito finos, que são danificados facilmente. É como se o filtro do café ficasse cheio de buraquinhos e deixasse o pó passar. Nós temos uma proteína no nosso sangue bem grande, chamada albumina. Ela é como se fosse o pó do café: ela não deve passar pelo filtro. Em uma pessoa sem problemas, não vamos encontrar albumina na urina, pois ela não passa pelo filtro. Nos pacientes com diabetes, precisamos pedir o exame de albuminúria, que vai ver ser existe albumina na urina, ou seja, vai identificar esse "pó de café" que saiu na sua urina e que não deveria estar lá, assim como uma xícara de café com pó não deveria existir. Isso é conhecido como nefropatia diabética e pode levar à necessidade de diálise ou transplante renal, pois os rins perdem a capacidade de filtrar os resíduos do sangue adequadamente.

Subindo pelo mapa, encontramos o sistema nervoso, uma rede de mensageiros que conecta todas as partes do corpo: do cérebro até a pontinha do dedinho mindinho. O excesso de glicose no sangue pode danificar essas linhas de comunicação, causando o que chamamos de neuropatia diabética. As pessoas afetadas podem experimentar dor, formigamento ou perda de sensação, principalmente nas extremidades, como mãos e pés. Essa condição não só reduz a qualidade de vida, mas também aumenta o risco de feridas e infecções, pois a sensação reduzida pode fazer com que pequenos ferimentos passem despercebidos e não sejam tratados apropriadamente. Por exemplo, você pode pisar em uma pedrinha no caminho e não sentir, pode encostar em uma panela quente e não perceber. Tudo isso gera feridas que, no diabetes, são difíceis de cicatrizar.

Descendo mais um pouquinho pelo mapa, chegamos ao sistema reprodutor. A impotência sexual nos homens emerge como uma das complicações mais delicadas! Muitos pacientes com diabetes sofrem dessa condição e precisam de cuidados em saúde. Essa condição, tecnicamente conhecida como disfunção erétil, é o resultado de uma combinação de problemas nos vasos sanguíneos e nervos, ambos essenciais para o funcionamento adequado do aparelho reprodutor masculino. O diabetes pode danificar os vasos sanguíneos e nervos que facilitam a ereção, tornando mais difícil para o homem manter uma resposta sexual satisfatória. Contribuindo com esses fatores, também temos as questões psicológicas (da mente) que dificultam tudo: muitas vezes os homens ficam inseguros, com vergonha de terem diabetes e com medo. Tudo isso contribui para piorar ainda mais o problema. De forma menos grave, muitas vezes o homem também acaba sendo acometido com muitas crises de candidíase no pênis, que é um fungo que aproveita o açúcar sobrando para crescer. A candidíase gera vermelhidão, incômodo, dor e muitas vezes dá bastante trabalho para ser controlada.

Além disso, mulheres com diabetes também podem enfrentar desafios no aparelho reprodutor, incluindo alterações na menstruação e um risco aumentado de infecções fúngicas, como a candidíase. Como diabetes é um problema complexo, que envolve muitos mecanismos do corpo, ele pode afetar a saúde reprodutiva feminina, complicando tanto a concepção quanto a gravidez. Por isso, homens e mulheres precisam de acompanhamento de bons profissionais de saúde para ajudá-los a manejar o diabetes de forma adequada, evitando assim todos esses problemas.

Na parte mais inferior do mapa, temos o pé diabético. Ele representa outro território desafiador no mapa das complicações do diabetes! Ele, na verdade, é uma soma de tudo que falamos até agora: a perda de sensibilidade nos pés, devido à neuropatia diabética, combinada com a má circulação. Isso aumenta o risco de feridas e infecções que não cicatrizam bem, o que pode evoluir para situações graves, exigindo intervenções médicas extremas, como a amputação. O paciente com diabetes tem que ter cuidado especial com os pés: não deve tirar os calos, cortar as unhas de forma que possam "encravar", usar chinelos ou sapatos que apertam e machucam. Também não devem brincar com os pets usando os pés, pois um arranhão de brincadeira ou uma mordidinha carinhosa já pode gerar um problema. Para brincar com os nossos amados bichinhos de estimação e dar todo o chamego possível, vamos usar as mãos e bastante dengo! Eles merecem muito carinho!

Por último, voltamos ao centro do mapa, a doença hepática gordurosa não alcoólica (DHGNA) é uma condição em que o fígado acumula gordura excessiva, afetando sua função. No contexto do diabetes, isso pode ser visto como o acúmulo de resíduos em uma área essencial do mapa, comprometendo sua operação e eficiência. A DHGNA pode progredir para condições mais graves, como a esteato-hepatite e a cirrose, reforçando a necessidade de um manejo cuidadoso do diabetes.

Cada uma dessas condições ilustra a importância de gerenciar o diabetes com cuidado. Monitoramento regular, uma dieta equilibrada, atividade física e, quando necessário, medicação, são as ferramentas que temos para manter as águas calmas e as estradas desobstruídas no mapa do nosso corpo. Assim, apesar dos desafios que o diabetes pode apresentar, com o gerenciamento adequado e o apoio de profissionais de saúde, é possível navegar por este território com confiança, mantendo a saúde e a qualidade de vida. Assim, enquanto o diabetes pode levar a várias complicações sérias, o poder de gerenciar essa condição está, em grande parte, em suas mãos. Com as medidas certas, é possível viver uma vida longa e saudável, mantendo a cidade do seu corpo funcionando harmoniosamente.

Como o diabetes afeta a visão ou causa cegueira?

O diabetes pode afetar a visão de maneiras significativas, levando a condições sérias que, em casos extremos, podem resultar em cegueira. Para entender como isso acontece, vamos revisitar o exemplo dos olhos sendo como cidades dependentes de uma rede de vasos sanguíneos muito finos para funcionar. Imagine que, em uma cidade próspera e vibrante, pequenos canais de água fornecem nutrientes essenciais para cada canto, mantendo a vida da cidade florescente. No contexto dos nossos olhos, esses canais são os vasos sanguíneos que nutrem a retina, a tela interna do olho onde as imagens são captadas e enviadas ao cérebro para serem interpretadas.

Quando o diabetes entra em cena, é como se uma tempestade de açúcar excessivo no sangue começasse a danificar esses delicados canais, causando inundações e bloqueios. No mundo da visão, essa tempestade pode levar a várias condições. Uma delas é a retinopatia diabética, que ocorre quando os vasos sanguíneos da retina começam a vazar ou a se proliferar descontroladamente em resposta aos danos causados pelo excesso de glicose. Isso pode turvar a visão e, eventualmente, causar danos irreversíveis à retina, levando à perda de visão.

Outro impacto direto do diabetes na visão é o um acúmulo de líquido e inflamação nos olhos, chamado oficialmente de edema macular diabético. Essa doença é uma condição em que o acúmulo de fluido na macula, a parte da retina responsável pela visão detalhada, causa inchaço e visão borrada. Isso é semelhante a ter áreas da cidade submersas devido a inundações, onde a clareza e a funcionalidade são comprometidas.

É crucial que pessoas com diabetes façam visitas regulares com um oftalmologista, pelo menos uma vez ao ano! Isso é como enviar equipes de inspeção para avaliar a integridade das infraestruturas da cidade após a tempestade, permitindo intervenções precoces para reparar os danos antes que se tornem irreparáveis. Assim como em uma cidade onde a prevenção e a manutenção podem evitar desastres, no contexto do diabetes e da visão, a detecção precoce e o gerenciamento são chave para prevenir a perda de visão ou a cegueira.

É normal sentir a visão turva?

Sentir a visão turva ocasionalmente pode ser uma experiência comum para muitas pessoas, decorrente de fatores benignos como fadiga ocular, uso prolongado de telas de computador ou dispositivos eletrônicos, ou até mesmo o processo natural de envelhecimento. No entanto, se a turvação da visão se torna frequente ou persistente, é um sinal de que algo mais sério pode estar acontecendo e merece uma investigação mais aprofundada.

No contexto do diabetes, a visão turva pode ser um indicador precoce de alterações nos níveis de glicose no sangue. Quando os níveis de açúcar no sangue (glicemia) estão muito altos ou muito baixos, isso pode afetar temporariamente a capacidade dos olhos de focar, levando a uma visão embaçada. Isso ocorre porque as flutuações nos níveis de glicose podem provocar mudanças no fluido que preenche os olhos, alterando a forma e capacidade de focar corretamente.

Além do diabetes, a visão turva pode ser sintoma de outras condições oculares, como catarata, glaucoma, degeneração macular e retinopatia, todas requerendo avaliação por um oftalmologista.

Problemas refrativos, como miopia, hipermetropia e astigmatismo, também podem causar visão turva, sendo facilmente corrigidos com óculos ou lentes de contato. Então, nem toda visão turva é necessariamente um problema decorrente do diabetes. Somente o oftalmologista é capaz de diferenciar essas situações, por isso o paciente com diabetes precisa visita-lo pelo menos uma vez ao ano.

Importante destacar, a visão turva pode ser um sinal de alerta para problemas de saúde mais amplos, não apenas restritos aos olhos. Condições como hipertensão arterial e enxaqueca são conhecidas por afetar a visão. Em casos raros, pode indicar emergências, como um derrame cerebral (AVC). No caso de derrame, a pessoa vai desenvolver sinais e sintomas também em outras partes do corpo, como paralisia parcial, fraqueza, não conseguir sorrir ou a língua ficar "torta" para um lado. Nesses casos, a única coisa a se fazer é ir direto para um pronto socorro ou ligar para uma ambulância.

Portanto, embora possa ser normal experimentar visão turva de forma esporádica e por razões não alarmantes, é essencial prestar atenção à frequência e às circunstâncias em que ocorre. Consultar um oftalmologista para um exame completo é sempre recomendado se a turvação da visão for persistente ou acompanhada de outros sintomas. Assim, é possível identificar a causa subjacente e, se necessário, iniciar o tratamento adequado para preservar a saúde ocular e a qualidade de visão.

Como o diabetes afeta os rins?

O diabetes pode afetar os rins de uma maneira que é bem fácil de entender se pensarmos nos rins como se fossem filtros de café. Imagine que seu corpo é uma máquina de fazer café, e os rins são os filtros que mantêm o café limpo, deixando passar a água enquanto seguram o pó de café. O pó de café é o que chamamos de albumina, ela está presente no nosso sangue, mas não deve sair na urina, aqui representada pelo café. Você já tomou café com pó? É horrível! Do mesmo jeito, a urina não deve conter albumina.

Nos rins, essa "fuga" é especialmente preocupante quando se trata de proteínas, como uma proteína chamada albumina. Normalmente, a albumina deveria ficar no sangue, ajudando a manter o corpo saudável. Mas quando os rins estão danificados pelo excesso de açúcar no sangue, a albumina começa a vazar para a urina, um sinal de que os rins não estão filtrando como deveriam. Isso é conhecido como nefropatia diabética. Com o tempo, se o diabetes não é bem controlado e a albumina continua passando pelo filtro dos rins, pode chegar a um ponto em que o filtro fica tão danificado que não consegue mais fazer seu trabalho direito. Isso pode levar a problemas mais sérios, como a necessidade de fazer diálise, que é como se você precisasse de uma máquina externa para fazer o trabalho de filtragem que seus rins não conseguem mais fazer sozinhos.

Um exame que é solicitado para ver como está o funcionamento dos rins é o exame de albuminúria. Ele detecta a presença de albumina na urina, mesmo em quantidades muito pequenas, o que chamamos de microalbuminúria. Mesmo essas quantidades muito pequenas já são preocupantes e vão acender alertas na cabeça dos profissionais de saúde que te acompanham.

Por isso, é superimportante para pessoas com diabetes manterem o açúcar no sangue sob controle, para proteger os rins e manter o filtro funcionando bem. Isso pode incluir comer de forma saudável, fazer exercícios, tomar medicamentos conforme orientado pelo médico, e fazer exames regulares para verificar como os rins estão funcionando. Assim, você pode ajudar a garantir que seus "filtros de café" continuem a fazer um bom trabalho.

Por que diabetes causa formigamento e dormência?

O diabetes pode causar formigamento e dormência nos pés e mãos, uma condição conhecida como neuropatia diabética, de uma maneira que é semelhante a um curto-circuito em um sistema elétrico. Para entender isso, imagine que o corpo humano tem uma complexa rede de fios elétricos, onde os nervos são os cabos que transmitem sinais de e para o cérebro, permitindo que sintamos toque, calor, dor e outras sensações.

Quando uma pessoa tem diabetes, o excesso de açúcar no sangue pode agir como uma sobrecarga no sistema, danificando os "fios" nervosos ao longo do tempo. Assim como um curto-circuito pode interromper a corrente elétrica e causar falhas no funcionamento de um aparelho, o dano aos nervos causado pelo diabetes interfere na maneira como os sinais são enviados pelo corpo. Isso pode resultar em formigamento ou uma sensação de "alfinetadas", como se houvesse uma falha na transmissão dos sinais, ou em dormência, onde a sensação é perdida completamente, como se a linha estivesse cortada.

Essa interrupção na comunicação nervosa não só afeta a sensação, mas também pode alterar a percepção de dor, tornando a pessoa menos consciente de feridas ou danos aos pés e mãos. Isso é especialmente perigoso, pois pequenas lesões podem não ser percebidas e tratadas adequadamente, aumentando o risco de infecções e complicações mais graves.

Portanto, assim como um sistema elétrico precisa de manutenção regular para prevenir curtos-circuitos, o gerenciamento cuidadoso do diabetes é essencial para proteger os nervos e prevenir o formigamento, a dormência e outros sintomas de neuropatia diabética. Isso inclui manter os níveis de açúcar no sangue dentro de uma faixa saudável, adotar uma dieta equilibrada, praticar exercícios regularmente e seguir as orientações dos profissionais de saúde para o tratamento do diabetes.

Por que o paciente com diabetes tem dores no corpo?

Pacientes com diabetes podem experimentar dores no corpo por diversas razões, muitas vezes relacionadas às complicações crônicas da condição. Uma das principais causas dessas dores é a neuropatia diabética, que, como mencionado anteriormente, é o resultado do dano aos nervos causado pelo excesso de açúcar no sangue (glicemia elevada). Quando os nervos são afetados, eles podem enviar sinais de dor, formigamento ou ardência para diferentes partes do corpo, especialmente pés e mãos, criando uma sensação desconfortável e dolorosa.

Além disso, o diabetes pode levar a uma má circulação sanguínea, outra fonte de desconforto e dor. A circulação sanguínea insuficiente, especialmente nas extremidades (como pés e mãos), pode causar uma sensação de frio, cãibras e dores, já que os tecidos não estão recebendo oxigênio e nutrientes suficientes. Isso pode ser comparado a uma situação em que a água não consegue chegar adequadamente a todas as partes de uma planta; as partes que ficam sem água começam a murchar.

Outro fator que pode contribuir para as dores no corpo em pacientes diabéticos é a inflamação. O diabetes está associado a um estado de inflamação constante no corpo, que pode afetar músculos e articulações, levando a dores e desconforto. Além disso, a rigidez articular e a limitação de movimento, podem ocorrer em pessoas com diabetes de longa duração. Essa condição pode causar dor e dificuldade de movimento nas mãos e nos dedos, complicando tarefas diárias simples.

Para gerenciar essas dores, é fundamental um controle rigoroso dos níveis de glicose no sangue, além da adoção de um estilo de vida saudável que inclua atividade física regular, nutrição balanceada e, quando necessário, uso de medicamentos conforme prescrito por um profissional de saúde. Em alguns casos, o tratamento pode também incluir terapias específicas para dor, como medicamentos para neuropatia, sessões de fisioterapia ou outras abordagens recomendadas. Portanto, as dores no corpo em pacientes com diabetes são um sinal de que é preciso prestar atenção ao gerenciamento da doença e procurar orientação para aliviar o desconforto e prevenir complicações mais sérias.

Por que o diabetes dá dor nas pernas?

A dor nas pernas experimentada por pacientes com diabetes geralmente tem suas raízes em duas condições principais associadas à doença: a neuropatia diabética e a má circulação sanguínea. Discutimos essas duas complicações na pergunta sobre quais complicações o diabetes pode causar, dê uma olhada para um maior aprofundamento! Essas condições afetam os membros inferiores de maneiras que podem causar desconforto significativo, dor e, em casos graves, complicações mais sérias.

A neuropatia diabética, uma complicação do diabetes causada por danos aos nervos devido ao excesso de açúcar no sangue, pode levar a uma variedade de sensações desconfortáveis nas pernas. Pacientes podem descrever essas sensações como formigamento, ardência ou até mesmo como se estivessem recebendo choques. A dor associada à neuropatia diabética nas pernas ocorre porque os nervos danificados enviam sinais de dor, calor ou frio para o cérebro, mesmo quando não há uma causa externa para esses sentimentos. É como se os fios de comunicação estivessem enviando mensagens confusas ou alarmes falsos, resultando na percepção de dor.

Além disso, a má circulação sanguínea, outra consequência do diabetes, pode dificultar a chegada de sangue rico em oxigênio e nutrientes às pernas. Isso não só retarda a cura de feridas e aumenta o risco de infecções, mas também pode causar dor e cãibras, especialmente ao caminhar ou fazer exercícios. A sensação pode ser comparada à dor que se sente quando um músculo fica cansado ou sobrecarregado, mas, neste caso, é exacerbada pela falta de um suprimento adequado de sangue.

Para aliviar a dor nas pernas causada pelo diabetes, é crucial gerenciar bem os níveis de glicose no sangue, pois isso pode ajudar a prevenir o agravamento da neuropatia e melhorar a circulação. Exercícios regulares, cuidados com os pés e, em alguns casos, medicações específicas para dor e para melhorar a circulação sanguínea podem ser recomendados pelo médico. Além disso, manter um peso saudável e parar de fumar são medidas importantes, pois o excesso de peso e o tabagismo podem piorar tanto a neuropatia quanto os problemas de circulação.

Portanto, a dor nas pernas em pacientes com diabetes é um sinal importante que não deve ser ignorado, pois indica a necessidade de um gerenciamento cuidadoso da doença e possíveis ajustes no plano de tratamento para melhorar a qualidade de vida e prevenir complicações adicionais.

É comum ter sensação de queimação nos pés ou nas mãos?

É comum algumas pessoas sentirem sensação de queimação nos pés ou nas mãos, e esse sintoma pode ter várias causas. Entre pessoas com diabetes, essa sensação frequentemente está relacionada à neuropatia diabética, que é um tipo de dano aos nervos causado por altos níveis de açúcar no sangue ao longo do tempo. Discutimos sobre ela também na pergunta sobre complicações do diabetes, dê uma olhada!

A neuropatia diabética pode afetar diferentes partes do corpo, mas os pés e as mãos são áreas comumente impactadas. A sensação de queimação é descrita como um calor ou ardência, que pode ser acompanhado por formigamento, dor ou até mesmo uma diminuição na sensibilidade ao toque. Isso ocorre porque os nervos danificados nessas áreas enviam sinais errados para o cérebro, fazendo com que você sinta calor ou dor quando não há uma fonte externa causando essas sensações.

Além do diabetes, a sensação de queimação nos pés e mãos pode ser causada por outros fatores, como deficiências nutricionais (por exemplo, falta de vitamina B12), consumo excessivo de álcool, exposição a certas toxinas, infecções, e até condições como a síndrome do túnel do carpo, que afeta as mãos e os pulsos. Só mesmo um bom médico para saber diferenciar cada coisa e dizer se a sua dor é relacionada ao diabetes ou não!

Mas atenção: é importante não ignorar esse sintoma, especialmente se ele persistir ou se agravar. Avaliar e tratar a causa subjacente pode ajudar a aliviar a sensação de queimação. Para pessoas com diabetes, gerenciar bem os níveis de açúcar no sangue é uma parte crucial para prevenir ou minimizar a neuropatia diabética e seus sintomas associados. Se você está enfrentando essa sensação de queimação, conversar com um médico pode ajudar a determinar a causa e o tratamento adequado.

Diabetes causa impotência sexual?

Veja só, o diabetes pode causar impotência sexual, uma condição também conhecida como disfunção erétil nos homens. E, honestamente, todo homem tem receio disso! Para entender essa relação, podemos fazer uma analogia com o processo de encher uma bexiga de festa de aniversário usando uma bombinha de ar fraca.

Imagine que a bexiga é como o órgão sexual masculino, que precisa se encher para alcançar a ereção. O pênis não tem ossos e nem músculos, portanto ele fica ereto com base na pressão do sangue. Assim como você precisa de uma bombinha de ar eficiente e forte para encher a bexiga com ar, o corpo precisa de um fluxo sanguíneo robusto e saudável para encher o órgão sexual masculino com sangue, permitindo a ereção.

No caso do diabetes, especialmente quando não está bem controlado, o excesso de açúcar no sangue (glicemia elevada) pode danificar os vasos sanguíneos e nervos, semelhante a ter uma bombinha fraca ou danificada. Isso torna mais difícil para o sangue fluir adequadamente, dificultando o processo de encher o órgão sexual e alcançar ou manter uma ereção - é como tentar encher uma bexiga com uma bombinha que não tem força suficiente, o processo se torna muito mais desafiador.

Além disso, o diabetes pode levar a problemas de saúde relacionados, como pressão arterial alta e doenças cardíacas, que também podem afetar a capacidade de uma ereção acontecer. Problemas psicológicos, como estresse, ansiedade e depressão, frequentemente associados ao gerenciamento de uma condição para a vida toda como o diabetes, podem contribuir ainda mais para a disfunção erétil.

No entanto, assim como existem maneiras de encher uma bexiga com uma bombinha de ar mais potente ou até mesmo encontrar ferramentas melhores para o trabalho, existem tratamentos e abordagens para ajudar a lidar com a impotência sexual causada pelo diabetes. Isso inclui controlar rigorosamente os níveis de açúcar no sangue, usar medicamentos específicos para a disfunção erétil, fazer ajustes no estilo de vida e procurar aconselhamento ou terapia para problemas psicológicos. Portanto, se o diabetes está dificultando "encher a bexiga" e causando impotência sexual, é importante conversar com um profissional de saúde de sua confiança. Não tenha vergonha! Nós, profissionais de saúde, recebemos relatos assim todos os dias. É comum, é frequente, não tem nenhum mistério. Além do mais, prezamos muito pela confiança e confidencialidade nas nossas conversas. Os profissionais de saúde, nesse caso sobretudo o urologista, podem ajudar a identificar as causas subjacentes e recomendar o melhor tratamento para melhorar a situação, permitindo uma vida sexual saudável e satisfatória.

Por que paciente com diabetes tem dificuldade de cicatrizar feridas?

Pacientes com diabetes enfrentam uma dificuldade maior para cicatrizar feridas devido a uma combinação de fatores influenciados pelo excesso de açúcar no sangue (glicemia elevada). Para entender isso de maneira simples, imagine uma equipe de construção trabalhando para reparar uma estrada danificada. Em condições normais, essa equipe trabalha de forma eficiente, consertando qualquer dano rapidamente. Porém, para um paciente com diabetes, é como se essa equipe estivesse trabalhando com ferramentas quebradas e um suprimento limitado de material, tornando o reparo muito mais lento e complicado.

Primeiramente, o excesso de açúcar no sangue pode danificar os pequenos vasos sanguíneos, reduzindo o fluxo sanguíneo para a área da ferida. Isso é crucial porque o sangue é responsável por transportar oxigênio, nutrientes e células imunes essenciais para o local da lesão para promover a cura. Com um fluxo sanguíneo comprometido, a "entrega" desses materiais de construção essenciais é atrasada. Sem materiais para sarar a ferida, ela vai ficar lá, aberta e contaminada.

Falando em contaminações, altos níveis de açúcar no sangue podem afetar a função das células brancas do sangue, responsáveis por combater infecções. Isso é semelhante a ter uma equipe de reparo que não consegue combater invasores (como bactérias) que tentam tomar o canteiro de obras (a ferida), aumentando o risco de infecção e complicando ainda mais o processo de cicatrização. E aqui temos outro problema: como o sangue não chega direito na ferida, ele também não consegue levar antibióticos até ela. Então, mesmo que o paciente tome alguns antibióticos, é comum ter ele dificuldade para combater as bactérias.

O diabetes também pode levar a uma condição conhecida como neuropatia periférica, onde os nervos nas extremidades do corpo são danificados. Isso reduz a sensibilidade, tornando mais difícil para os pacientes perceberem pequenas feridas ou abrasões. Sem o tratamento adequado, essas pequenas feridas podem se tornar mais graves e difíceis de curar. Já vi diversos pacientes que nem sabiam que tinham feridas! Por isso, é importante conhecer o seu corpo: sempre olhe cada cantinho, use um espelho para ver a parte de baixo dos pós, procure por feridas ou pequenos machucados. Muitas vezes eles estão lá e o paciente com diabetes não consegue perceber!

Para lidar com esses desafios, é essencial um controle rigoroso dos níveis de açúcar no sangue e cuidados adequados com a pele e os pés para prevenir feridas. Além disso, ao sinal de qualquer ferida, mesmo que pareça pequena, é importante procurar atendimento para garantir que ela receba o tratamento adequado e evitar complicações maiores. Assim, a dificuldade de cicatrização em pacientes com diabetes é um desafio significativo que requer uma abordagem proativa tanto na prevenção quanto no tratamento de feridas, assegurando que a "equipe de construção" tenha as melhores ferramentas e materiais disponíveis para fazer seu trabalho efetivamente.

O diabetes está relacionado com amputação?

Um dos grandes medos dos pacientes com diabetes é a amputação de membros. Sim, infelizmente o diabetes está relacionado com o risco aumentado de amputações, especialmente dos membros inferiores, como pés e pernas. Esse risco elevado se deve principalmente a uma combinação de fatores que incluem má circulação sanguínea, neuropatia diabética (dano aos nervos devido ao excesso de açúcar no sangue), e infecções que podem se desenvolver em feridas que não cicatrizam bem.

Para entender melhor, vamos considerar um jardim que precisa de água regular e cuidado para evitar que as plantas sequem e morram. Nos pacientes com diabetes, a má circulação sanguínea pode ser comparada à falta de água adequada para o jardim, o que significa que os pés e as pernas não recebem sangue rico em oxigênio e nutrientes suficientes para manter a pele e outros tecidos saudáveis. Isso pode levar a feridas que não cicatrizam bem e aumenta o risco de infecções.

Além disso, a neuropatia diabética pode ser comparada a não ser capaz de sentir o calor do sol ou perceber que uma planta está sendo sufocada por ervas daninhas. Essa perda de sensação nos pés faz com que cortes, feridas ou bolhas possam passar despercebidos e não recebam o tratamento necessário a tempo, permitindo que pequenos problemas se transformem em infecções graves.

Quando uma infecção se torna grave e não responde ao tratamento, ou quando o fluxo sanguíneo é extremamente comprometido, a amputação pode ser considerada como uma medida para evitar que a infecção se espalhe para outras partes do corpo. É uma decisão difícil, tomada pelos médicos como último recurso, para salvar a vida do paciente.

É por isso que a prevenção é tão importante no gerenciamento do diabetes. Manter os níveis de açúcar no sangue dentro da meta, cuidar bem dos pés, usar sapatos confortáveis, examinar os pés diariamente em busca de cortes ou feridas, e visitar regularmente um profissional de saúde podem ajudar a prevenir complicações graves e reduzir significativamente o risco de amputação. Portanto, embora o diabetes esteja relacionado com um risco aumentado de amputação, muitas dessas situações podem ser prevenidas com o gerenciamento adequado do diabetes e cuidados preventivos.

Vou perder o meu pé?

Se você está preocupado com o risco de perder o seu pé devido ao diabetes, é compreensível que se sinta ansioso ou assustado. No entanto, é importante lembrar que, embora o diabetes possa aumentar o risco de complicações que levam à amputação, há muitas etapas que você pode tomar para reduzir significativamente esse risco. A chave para prevenir complicações graves, como a perda de um pé, reside no gerenciamento eficaz do diabetes e nos cuidados preventivos.

Manter um bom controle dos níveis de açúcar no sangue é fundamental. Isso ajuda a evitar danos aos vasos sanguíneos e nervos que podem levar a complicações nos pés. Além disso, adotar um estilo de vida saudável, incluindo uma alimentação balanceada e a prática regular de exercícios, também é crucial para manter o diabetes sob controle.

Os cuidados diários com os pés são igualmente importantes. Isso inclui lavá-los diariamente com água morna (testando a temperatura da água primeiro para evitar queimaduras), secá-los cuidadosamente, especialmente entre os dedos, e aplicar um hidratante para evitar rachaduras na pele. Não aplique hidratante entre os dedos dos pés para evitar aparecer pé de atleta (fungo), que pode virar uma ferida. Além disso, inspecione seus pés todos os dias em busca de cortes, bolhas, vermelhidão ou qualquer sinal de infecção.

Se você notar alguma dessas alterações, é importante procurar atendimento o quanto antes.

Usar sapatos confortáveis e adequados que não causem irritação ou pressão também é essencial para prevenir feridas. Evite andar descalço, mesmo em casa, para reduzir o risco de ferimentos nos pés. Lembre-se que quem tem diabetes com descontrole há muito tempo pode começar a perder a sensibilidade. Então, pode pisar em coisas que machucam e não sentir. Todo profissional de saúde já viu casos surpreendentes assim! Um que me lembro bem foi de um paciente que chegou sem chinelo. Ele perdeu no caminho e não percebeu! Por isso, chinelos não são recomendados para pacientes com perda de sensibilidade nos pés.

Consultas regulares com um profissional de saúde para uma avaliação bem completa dos pés também são fundamentais. Um podólogo que entenda de diabetes ou outro profissional de saúde especializado em cuidados com os pés, como enfermeiros, pode ajudar a identificar problemas precocemente e fornecer tratamentos para evitar complicações maiores. Lembre-se, a possibilidade de amputação devido ao diabetes é algo que pode ser prevenido na maioria dos casos com o cuidado e a atenção adequados. Embora o medo de perder um pé seja válido, focar na prevenção, no tratamento precoce de qualquer problema e na comunicação aberta com sua equipe de saúde pode ajudar a manter seus pés saudáveis e minimizar o risco de complicações graves.

Quais cuidados devo ter com meus pés para evitar complicações?

Cuidar dos pés quando se tem diabetes é como tratar de um jardim precioso: requer atenção diária, delicadeza e ações preventivas para manter tudo florescendo belamente, evitando as ervas daninhas das complicações. Os pés, nesse caso, são como flores delicadas que necessitam de um ambiente cuidadosamente equilibrado para prosperar. Aqui estão algumas dicas sobre como cuidar deles com carinho e prevenção.

Primeiramente, a inspeção diária dos pés é fundamental. É como dar uma volta no seu jardim todas as manhãs para verificar se há novidades. Procure por cortes, bolhas, vermelhidões, inchaços ou qualquer sinal de infecção. Lembre-se, pequenos problemas podem se transformar em grandes complicações rapidamente. Se a flexibilidade não permitir uma boa visão, use um espelho ou peça ajuda a alguém.

A limpeza é outro passo essencial. Lave seus pés todos os dias com água morna (jamais use água quente) e sabão suave, secando-os cuidadosamente, especialmente entre os dedos. Depois, aplique um creme ou loção hidratante diariamente para manter a pele macia, mas evite passar creme entre os dedos, onde a umidade pode promover o crescimento de fungos. Existem opções de bons hidratantes para pés de pessoas com diabetes nas farmácias de todo o país. Hidratar os pés é como regar as plantas; você não quer encharcá-las nem deixar a terra ressecada.

Quanto ao corte das unhas, faça-o com cuidado e regularidade, cortando-as retas para evitar unhas encravadas, e então suavize as bordas com o lado mais fino de uma lixa de papel (jamais use as de metal). Imagine que você está podando as plantas; um corte preciso pode prevenir problemas futuros.

Use sapatos e meias confortáveis que permitam a respiração dos pés. Pense neles como o solo do seu jardim: deve ser propício e protetor, permitindo o crescimento saudável sem sufocar ou restringir. Evite andar descalço ou de chinelo, mesmo em casa, para prevenir ferimentos.

Finalmente, é vital manter o controle glicêmico e consultar regularmente um podólogo, enfermeiro ou outro profissional de saúde especializado em cuidados com os pés. Eles são como os jardineiros especializados que conhecem profundamente as necessidades específicas do seu jardim, podendo oferecer orientações personalizadas e tratamentos preventivos.

Cuidar dos seus pés com diabetes é um ato de carinho diário, que previne complicações e assegura que você continue a caminhar bem por muitos anos. Com atenção e cuidado, seus pés podem levá-lo onde você desejar, mantendo-os sempre saudáveis e protegidos.

Por que o diabetes causa infarto?

O diabetes pode aumentar o risco de infarto, também conhecido como ataque cardíaco, devido a uma série de fatores relacionados à forma como o excesso de açúcar no sangue afeta o coração e os vasos sanguíneos. Imagine suas artérias como tubulações de água que fornecem nutrientes e oxigênio para todo o corpo, incluindo o coração. Quando essas "tubulações" estão limpas e sem obstruções, a água (ou sangue) pode fluir livremente. No entanto, no diabetes, o cenário muda.

Primeiro, o excesso de açúcar no sangue pode levar ao acúmulo de placas nas paredes internas das artérias, um processo conhecido como aterosclerose. Essas placas são compostas por gorduras, colesterol ruim, cálcio e outras substâncias encontradas no sangue. Com o tempo, elas podem endurecer e estreitar as artérias, dificultando o fluxo sanguíneo. Isso é semelhante a ter um cano de água que começa a acumular depósitos de calcário e outras sujeiras, restringindo o fluxo de água. Pense na pia da sua cozinha: se você ficar jogando óleo, lixo e restos de comida nela, em um certo ponto ela vai entupir e vai te dar um grande trabalho!

Além disso, o diabetes pode causar inflamação constante no corpo, o que pode danificar as artérias e torná-las mais propensas a desenvolver essas placas. A inflamação pode ser vista como uma reação constante de "reparo" no interior das tubulações, que, em vez de resolver o problema, acaba por piorá-lo, contribuindo para o estreitamento e endurecimento das artérias.

Quando uma dessas placas se rompe, ela pode formar um coágulo sanguíneo no local. Assim que a placa se rompe o coágulo de sangue se forma quase que instantaneamente! Se esse coágulo bloquear uma artéria que alimenta o coração, o fluxo de sangue para uma parte do músculo cardíaco pode ser cortado, causando um infarto. Isso é semelhante a um cano de água que finalmente fica completamente bloqueado por detritos, impedindo a água de chegar ao seu destino.

Além dos efeitos diretos nas artérias, o diabetes também está frequentemente associado a outros fatores de risco cardiovascular, como pressão alta, colesterol elevado e obesidade, que podem agravar ainda mais a situação e aumentar o risco de eventos cardíacos. Por essas razões, é crucial para pessoas com diabetes gerenciar cuidadosamente sua condição, mantendo os níveis de açúcar no sangue, pressão arterial e colesterol sob controle. Isso pode incluir mudanças na dieta, aumento da atividade física, cessação do tabagismo e uso de medicamentos conforme prescrito por um profissional de saúde. Com essas medidas, é possível reduzir significativamente o risco de infarto e manter o coração e as artérias saudáveis.

Como é a dor da neuropatia diabética?

A dor da neuropatia diabética pode variar bastante de pessoa para pessoa, mas muitos pacientes descrevem-na como uma das sensações mais desconfortáveis e persistentes. Algumas pessoas com neuropatia diabética relatam sentir uma espécie de formigamento constante, como se tivessem muitas formigas caminhando sob a pele. Outras descrevem a sensação como agulhadas ou alfinetadas, pontadas agudas que podem aparecer do nada e desaparecer tão rapidamente quanto surgiram.

Há também quem sinta uma queimação persistente, uma espécie de calor ou ardência que parece emanar de dentro para fora, deixando a área afetada com uma sensação de estar em chamas. Imagine tentar relaxar ou adormecer enquanto seus pés parecem estar aquecidos por uma fogueira invisível. Além dessas sensações, algumas pessoas experimentam uma dor lancinante, que pode ser tão intensa e súbita a ponto de interromper as atividades diárias. É como se, sem aviso, uma descarga elétrica atravessasse os pés ou mãos, provocando um choque doloroso e inesperado.

Em alguns casos, a neuropatia diabética pode levar a uma sensibilidade extrema ao toque, conhecida como alodinia. Nessa situação, até o contato leve, como o tecido da roupa ou um lençol, pode ser percebido como doloroso. Imagine a sensação de desconforto ao simplesmente colocar os pés no chão ou ao tentar cobrir-se com um cobertor leve.

Por outro lado, a neuropatia diabética também pode causar o oposto: a perda de sensibilidade. Isso pode significar não sentir dor quando deveria, como em caso de um corte ou ferida, o que também representa um problema sério. Discutimos isso em algumas perguntas anteriores, vale a pena você revisitar essas perguntas para se aprofundar mais!

Tratar e gerenciar a dor da neuropatia diabética envolve um controle cuidadoso dos níveis de açúcar no sangue para prevenir o agravamento do dano nervoso. Medicamentos específicos para dor neuropática, mudanças no estilo de vida, e, em alguns casos, terapias complementares podem ajudar a aliviar os sintomas e melhorar a qualidade de vida. Se você está enfrentando sintomas de neuropatia diabética, é crucial consultar um médico para obter um diagnóstico correto e discutir as melhores opções de tratamento para o seu caso.

O diabetes afeta a saúde mental?

O diabetes pode afetar significativamente a saúde mental das pessoas que convivem com essa condição. Gerenciar o diabetes é um processo contínuo que exige atenção diária e pode levar a um estresse considerável, o qual, por sua vez, pode impactar o bem-estar emocional e psicológico. Imagine que você tem um copo que representa sua capacidade de lidar com o estresse e os desafios diários. Todos os dias, um pouco de água é adicionada ao copo pelas atividades normais da vida, como trabalho, estudos ou relações pessoais. O diabetes, com suas demandas de monitoramento constante da glicose no sangue, cuidados com a alimentação, exercícios físicos regulares e medicação, é como se despejasse uma quantidade extra de água nesse copo todos os dias. Eventualmente, o copo pode transbordar, o que simboliza o momento em que o estresse se torna excessivo, afetando a saúde mental.

Pessoas com diabetes têm uma probabilidade maior de enfrentar problemas de saúde mental, como ansiedade e depressão. A ansiedade pode surgir da preocupação constante com os níveis de açúcar no sangue, medo de complicações a longo prazo ou estresse sobre como a condição pode ser percebida pelos outros. A depressão pode ser desencadeada pela carga emocional de gerenciar uma condição crônica, sentimentos de isolamento ou dificuldade em manter o controle glicêmico, o que pode levar a sentimentos de desesperança ou desamparo.

Além disso, o diabetes pode afetar a autoestima e a autoimagem, especialmente se a condição levar a mudanças físicas, restrições na dieta ou dependência de medicamentos. Isso pode intensificar os sentimentos de frustração e tristeza, afetando ainda mais a saúde mental.

É importante reconhecer que cuidar da saúde mental é tão crucial quanto cuidar da saúde física, especialmente para quem vive com diabetes. Buscar apoio de profissionais de saúde mental, como psicólogos ou psiquiatras, pode fornecer estratégias eficazes para lidar com o estresse, a ansiedade e a depressão. Grupos de apoio, onde se pode compartilhar experiências com outras pessoas que enfrentam desafios semelhantes, também podem ser uma fonte valiosa de conforto e compreensão. Só tenha cuidado, pois é comum encontrar grupos na internet com muitos conteúdos inverídicos e que mais confundem do que ajudam! Escolha bem onde você vai gastar o seu tempo, que é um bem muito precioso.

Portanto, a resposta é sim: o diabetes pode afetar profundamente a saúde mental. Reconhecer e abordar esses desafios emocionais e psicológicos é essencial para o manejo integrado do diabetes, ajudando a garantir não apenas a saúde física, mas também o bem-estar mental. Conte com todos nós, profissionais da saúde, para te ajudar nessa jornada!

O diabetes afeta a gravidez?

O diabetes pode afetar a gravidez de várias maneiras, tanto para mulheres que já têm diabetes antes de engravidar (diabetes pré-gestacional) quanto para aquelas que desenvolvem diabetes durante a gravidez (diabetes gestacional). A gestão cuidadosa do diabetes é crucial para garantir uma gravidez saudável e minimizar riscos tanto para a mãe quanto para o bebê.

Para mulheres com diabetes pré-gestacional, seja tipo 1 ou tipo 2, o controle rigoroso dos níveis de açúcar no sangue antes e durante a gravidez é vital. Níveis elevados de glicose podem aumentar o risco de complicações, como parto prematuro, hipertensão induzida pela gravidez (pré-eclâmpsia) e problemas no desenvolvimento do bebê. Além disso, há um risco maior de o bebê nascer com um peso acima do normal (que nós, profissionais da saúde chamamos de macrossomia), o que pode levar a complicações durante o parto e aumentar a probabilidade de o bebê desenvolver diabetes tipo 2 mais tarde na vida.

O diabetes gestacional, que é aquele que surge durante a gravidez e geralmente desaparece após o parto, também requer atenção especial. Embora seja temporário, se não for gerenciado corretamente, pode ter efeitos semelhantes aos do diabetes pré-gestacional, afetando a saúde da mãe e do bebê. O controle dos níveis de glicose através de dieta, exercícios e, em alguns casos, medicação, é essencial para prevenir complicações. Mulheres com diabetes gestacional têm um risco aumentado de desenvolver diabetes tipo 2 no futuro. Portanto, após o parto, é importante continuar monitorando os níveis de glicose no sangue e manter um estilo de vida saudável para reduzir esse risco.

A boa notícia é que, com planejamento e cuidado adequados, mulheres com diabetes podem ter uma gravidez segura e saudável.

Isso inclui trabalhar de perto com uma equipe de saúde especializada em diabetes e gravidez, monitoramento frequente dos níveis de açúcar no sangue, manutenção de uma dieta equilibrada e realização de exercícios aprovados pelo médico. Também vale destacar que existem medicamentos apropriados para serem utilizados com muita segurança durante essa etapa da vida da mulher. Portanto, embora o diabetes possa apresentar desafios adicionais durante a gravidez, a gestão cuidadosa e o acompanhamento com profissionais de saúde competentes podem ajudar a garantir resultados positivos tanto para a mãe quanto para o bebê, permitindo que as mulheres com diabetes vivenciem a alegria da maternidade com segurança e saúde.

Capítulo 4: Diagnóstico do Diabetes

Como o diabetes é diagnosticado?

Descobrir se alguém tem diabetes é como resolver um mistério que o corpo nos apresenta, usando algumas pistas importantes que nos ajudam a chegar à conclusão correta. Vou explicar de um jeito simples como os médicos fazem para descobrir se uma pessoa tem diabetes.

Primeiro, o médico vai querer conversar com você sobre como você tem se sentido. Isso é como juntar as primeiras pistas. Ele vai perguntar se você tem sentido muita sede, se tem ido ao banheiro fazer xixi mais vezes do que o normal, se tem perdido peso sem querer ou se tem se sentido mais cansado do que o usual. Em outros casos, ele vai avaliar fatores de risco para o diabetes, como discutimos em uma pergunta anterior que você pode reler para relembrar. Esses são sinais que podem indicar que o açúcar no seu sangue está mais alto do que deveria.

Depois dessa conversa inicial, o próximo passo é fazer alguns testes de sangue. É como enviar essas pistas para o laboratório para obter provas concretas. Um desses testes verifica o quanto de açúcar tem no seu sangue em um determinado momento. Geralmente, é pedido para você não comer nada por umas 8 horas antes desse teste, que é chamado de glicemia de jejum. Isso dá ao médico uma ideia clara de como seu corpo está lidando com o açúcar quando você não está comendo.

Outro teste importante é o que mede a hemoglobina glicada, ou A1C. Esse teste é bem esperto porque mostra a média do seu nível de açúcar no sangue nos últimos dois a três meses. Enquanto a glicemia de jejum é como uma foto instantânea, o exame de hemoglobina glicada é como se fosse um filme que foi gravado nos últimos dois a três meses. Às vezes, os médicos também fazem um teste chamado curva glicêmica. Você bebe um líquido bem doce, e depois eles medem seu açúcar no sangue várias vezes nas horas seguintes. Isso ajuda a ver como seu corpo lida com uma grande quantidade de açúcar de uma vez.

Se esses testes mostrarem que o nível de açúcar no seu sangue está consistentemente mais alto do que o normal, o médico pode dizer que você tem diabetes. É como juntar todas as pistas e resolver o mistério. Mas não se preocupe, se isso acontecer, o médico vai te ajudar a entender o que você pode fazer para cuidar da sua saúde e manter o açúcar no sangue sob controle.

Estou perdendo peso, tenho diabetes?

Não existe nada fácil na vida, exceto ganhar peso! Você já viu alguém perder peso sem passar por um esforço tremendo para fazer exercícios físicos e mudar a alimentação? Provavelmente não. Perder peso sem tentar pode ser surpreendente e, às vezes, preocupante. Embora possa haver várias razões para isso acontecer, uma das possíveis causas é o diabetes, especialmente se essa perda de peso vier acompanhada de outros sintomas típicos da condição.

Se você leu a pergunta de como o diabetes se desenvolve, você entendeu que o corpo precisa de um hormônio chamado insulina para conseguir usar a glicose, que é a nossa fonte de energia principal. Mas você já se perguntou o que acontece com o corpo quando falta insulia e ele não consegue usar a glicose? Nós não desligamos, igual a um aparelho eletrônico que é tirado da tomada. Nosso corpo tem uma "bateria" extra, ou seja, ele consegue funcionar com base em outra fonte de energia: as gorduras e até os músculos. O corpo, desesperadamente, começa a consumir a gordura para produzir energia que não consegue obter com a glicose. O combustível passa a ser a gordura! Como o corpo queima gordura, isso pode levar à perda de peso.

Além do mais, quando o açúcar não consegue ser usado corretamente pelo corpo e fica sobrando no sangue, você acaba eliminando parte dele através da urina. Isso também leva à perda de calorias, contribuindo, de certa forma para o diabetes. Então, se você está perdendo peso sem explicação e nota outros sinais como sentir mais sede, fazer xixi com mais frequência, sentir mais fome do que o normal ou estar mais cansado, pode ser um bom momento para conversar com um médico. Eles podem fazer alguns testes simples para ver se o diabetes, ou outra condição, é a causa dessa perda de peso inesperada.

Lembrando que perder peso sem querer não significa automaticamente que você tem diabetes. Há muitos outros motivos possíveis que um médico pode ajudar a investigar. O importante é não ignorar esse importante sinal que o seu corpo está dando e procurar orientação profissional para entender o que está acontecendo.

Tem formigas ao redor do vaso sanitário, o que pode ser?

Se você notou formigas ao redor do vaso sanitário ou em outras áreas do banheiro, isso pode ser um sinal de que elas estão sendo atraídas por algo específico nesse ambiente. No contexto do diabetes, uma das coisas que pode atrair formigas é a presença de urina com alto teor de açúcar. Mas como isso acontece?

Quando os níveis de açúcar no sangue estão muito altos, o corpo tenta se livrar do excesso de açúcar através da urina. Esse açúcar na urina pode deixar um rastro que atrai formigas, que são atraídas por substâncias doces. Assim, se você começar a notar formigas perto do vaso sanitário ou em outras áreas onde a urina pode ter entrado em contato com o ambiente, isso pode ser um indício de que seus níveis de açúcar no sangue estão elevados.

É claro que formigas podem ser atraídas por muitas coisas, e sua presença nem sempre significa que há um problema de saúde. Elas podem estar procurando por água, especialmente em climas quentes ou secos, ou podem ter encontrado outras substâncias doces ou resíduos no banheiro que não têm relação com a urina.

No entanto, se você tem diabetes ou suspeita que possa ter, e notou esse fenômeno junto com outros sintomas como aumento da sede, da fome, da frequência urinária ou perda de peso sem motivo, pode ser uma boa ideia verificar seus níveis de açúcar no sangue e conversar com um médico. E uma mensagem para os adultos: fiquem especialmente atentos se vocês perceberem esses sinais e sintomas em crianças! Eles podem ser os primeiros indicativos que a criança está desenvolvendo diabetes tipo 1.

Lembrando sempre que manter a higiene do banheiro, limpando regularmente e eliminando possíveis fontes de alimento e água para as formigas, é importante para evitar infestações. Mas se o problema persistir e você estiver preocupado com os níveis de açúcar no sangue, procurar orientação é o caminho mais seguro.

Acho que tenho diabetes, o que fazer?

Se você suspeita que pode ter diabetes tipo 1 devido a sintomas como aumento da sede, fome excessiva, perda de peso sem explicação, cansaço frequente ou necessidade de urinar mais vezes do que o normal, o primeiro passo é não entrar em pânico. Há um caminho claro a seguir para esclarecer suas dúvidas e tomar as medidas necessárias para cuidar da sua saúde.

O primeiro passo pode ser procurar um farmacêutico. Muitas farmácias oferecem serviços de rastreamento de diabetes, onde você pode fazer um teste rápido de glicose no sangue. Esse teste é simples e pode dar uma ideia inicial sobre seus níveis de açúcar no sangue. Se o teste indicar que seus níveis de glicose estão elevados, é um sinal de que você deve procurar uma avaliação médica completa.

Depois de visitar a farmácia, o próximo passo é marcar uma consulta com um médico. O médico pode pedir exames mais detalhados, como o teste de glicemia de jejum e a hemoglobina glicada (HbA1c), que oferecem uma visão mais completa do seu nível médio de glicose no sangue ao longo dos últimos dois a três meses. Esses testes ajudarão a confirmar se você tem diabetes ou se está em risco de desenvolver a condição.

Durante a consulta, é importante falar abertamente sobre os sintomas que você tem experimentado, qualquer histórico familiar de diabetes e suas preocupações. Com base nos resultados dos exames e na sua história clínica, o médico pode diagnosticar se você tem diabetes e discutir com você um plano de tratamento e gerenciamento. Isso pode incluir mudanças na dieta, aumento da atividade física, monitoramento regular dos níveis de glicose no sangue e, se necessário, medicação.

O rastreamento do diabetes tipo 2 também é possível. Esse rastreamento é um passo crucial na identificação precoce da doença, permitindo que as pessoas tomem medidas proativas para gerenciar sua saúde antes que surjam complicações graves. Esse processo começa frequentemente com um simples teste de glicose no sangue, que pode ser feito em farmácias ou clínicas, oferecendo uma visão rápida dos níveis de açúcar no sangue de uma pessoa. Para aqueles em grupos de risco elevado, como indivíduos com histórico familiar de diabetes, sobrepeso, hipertensão, ou mulheres que tiveram diabetes gestacional, o rastreamento torna-se ainda mais importante.

Com base nos resultados iniciais, médicos podem recomendar exames mais detalhados, como a medição da hemoglobina glicada (HbA1c), que fornece uma média dos níveis de glicose no sangue ao longo dos últimos três meses. Identificar o diabetes tipo 2 precocemente não apenas ajuda a prevenir complicações, como também abre a porta para aconselhamento sobre estilo de vida, mudanças na dieta, aumento da atividade física e, se necessário, início do tratamento com medicamentos, maximizando as chances de um controle eficaz da doença e manutenção da qualidade de vida.

Lembre-se de que o diagnóstico precoce e o tratamento adequado do diabetes são cruciais para controlar a doença e prevenir complicações a longo prazo. Portanto, dar o primeiro passo ao notar sintomas e buscar orientação de profissionais de saúde, como farmacêuticos e médicos, é fundamental para manter sua saúde e bem-estar.

Onde fazer o exame para saber se tenho diabetes?

Se você está se perguntando onde pode fazer o exame para descobrir se tem diabetes, saiba que há várias opções disponíveis que são bem acessíveis. Uma das formas mais práticas de começar é visitando uma farmácia próxima. Muitas farmácias oferecem testes rápidos de glicemia, que podem dar uma ideia inicial sobre seus níveis de açúcar no sangue. Esse teste é simples e rápido, feito com apenas uma picadinha no dedo para coletar uma gota de sangue.

Caso prefira ou se o teste na farmácia sugerir que você pode ter diabetes, o próximo passo é procurar um médico. Pode ser um clínico geral ou um especialista em endocrinologia. O médico pode solicitar exames mais completos, como o de glicemia de jejum, que você faz depois de ficar sem comer por cerca de 8 horas, ou o teste de hemoglobina glicada (HbA1c), que mostra a média dos seus níveis de açúcar no sangue nos últimos dois a três meses. Esses exames são feitos em laboratórios de análises clínicas, e você vai precisar de um pedido médico para realizá-los.

Não se esqueça de que, para fazer o teste, é importante seguir as instruções sobre como se preparar, como o jejum, se for necessário. E depois de fazer o exame, marque uma consulta de retorno com o médico para ver os resultados e conversar sobre os próximos passos. Lembre-se, descobrir cedo se você tem diabetes é crucial para começar a cuidar da sua saúde da melhor maneira possível, evitando complicações no futuro. E se tiver qualquer dúvida sobre o processo, não hesite em perguntar ao farmacêutico ou ao seu médico; eles estão aí para te ajudar.

Ah, claro! Se você está pensando em como fazer o exame para saber se tem diabetes e busca uma opção acessível, o Sistema Único de Saúde (SUS) é uma excelente escolha. O SUS oferece exames de glicemia e hemoglobina glicada (HbA1c) gratuitamente, facilitando o acesso ao diagnóstico para todos.

Para realizar esses exames pelo SUS, o primeiro passo é marcar uma consulta em uma Unidade Básica de Saúde (UBS) perto de onde você mora. Durante a consulta, você pode conversar com o médico sobre os sintomas que está tendo ou suas preocupações em relação ao diabetes. Se o médico achar necessário, ele vai te dar um pedido de exame.

Com esse pedido em mãos, você pode agendar os exames no próprio sistema de saúde pública. Em algumas cidades, você pode fazer o agendamento diretamente na UBS onde foi atendido, enquanto em outras, pode ser necessário ir a um laboratório ou hospital público que realize esses testes. Depois de fazer os exames, é importante retornar ao médico com os resultados para que ele possa interpretá-los corretamente e orientar você sobre os próximos passos, seja no manejo do diabetes, se for diagnosticado, ou em medidas preventivas, se os testes mostrarem que você está saudável.

O SUS desempenha um papel fundamental em garantir que o diagnóstico e o tratamento do diabetes sejam acessíveis a todos, independentemente da situação financeira. Então, se você suspeita que possa ter diabetes, lembre-se de que o SUS está aí para te apoiar nessa jornada de cuidados com a sua saúde.

Diabetes é diferente de pré-diabetes?

Muitos pacientes confundem diabetes com pré-diabetes. Porém, o pré-diabetes em si não é uma doença, mas sim um sinal de alerta. Vou usar a analogia do semáforo de trânsito para te ajudar a entender as diferenças de forma clara. Imagine que o semáforo representa os estágios dos níveis de açúcar no sangue, com o verde indicando níveis normais, a luz amarela simbolizando o pré-diabetes, e a luz vermelha representando o diabetes.

A luz verde, ou níveis normais de açúcar no sangue, significa que tudo está fluindo bem no trânsito do seu corpo. O açúcar é adequadamente utilizado como energia, e não há congestionamentos nem complicações no caminho.

A luz amarela, ou pré-diabetes, é um sinal de alerta. Assim como a luz amarela no trânsito nos avisa para reduzir a velocidade e nos preparar para parar, o pré-diabetes avisa que os níveis de açúcar no sangue estão mais altos do que o normal, mas ainda não no ponto de serem classificados como diabetes. É um período crítico que indica que você está no caminho do diabetes, mas ainda tem a chance de mudar de direção, implementando mudanças no estilo de vida, como dieta e exercício, para voltar ao verde. Pessoas com pré-diabetes têm um risco maior de desenvolver diabetes tipo 2 no futuro, além de correrem risco aumentado de doenças cardíacas e derrame.

Por fim, a luz vermelha indica diabetes, significando que os níveis de açúcar no sangue estão consistentemente altos e que o tráfego chegou a um ponto crítico. Neste estágio, é necessário mais do que apenas precaução; é preciso tomar medidas ativas para controlar a condição, como usar medicamentos prescritos pelo médico, além das mudanças no estilo de vida. O objetivo é gerenciar o tráfego de açúcar no sangue para evitar complicações graves e tentar manter tudo fluindo o mais suavemente possível.

Portanto, enquanto o pré-diabetes é um sinal de alerta que oferece a oportunidade de prevenir o desenvolvimento do diabetes, o diabetes já é uma condição crônica que requer gerenciamento contínuo. Reconhecer o pré-diabetes como a luz amarela do semáforo é crucial, pois dá a chance de agir antes que seja necessário parar completamente na luz vermelha. Se você tem pré-diabetes, é o momento de fazer mudanças no estilo de vida, como melhorar a dieta, aumentar a atividade física e perder peso. É possível voltar para luz verde e se afastar do diabetes, reduzindo significativamente o risco de progredir para a doença.

O que é o exame de glicemia?

O exame de glicemia é como um espião que nos conta segredos sobre o açúcar no nosso sangue. Imagine que dentro do nosso corpo temos uma festa acontecendo, e o açúcar é um dos convidados. O trabalho desse espião é contar quantos "convidados açúcares" estão presentes na festa em um determinado momento. Isso ajuda a gente a saber se tem açúcar demais ou de menos circulando no nosso sangue.

Quando você faz o exame de glicemia, é bem simples: você dá uma picadinha no dedo ou faz uma coleta de sangue de uma veia, e essa amostra vai contar quantos "convidados açúcares" estão lá. Se o número for muito alto, pode ser um sinal de que o corpo não está conseguindo controlar bem o açúcar, o que às vezes acontece em pessoas com diabetes. Se o número for muito baixo, significa que talvez não haja açúcar suficiente para manter a energia do corpo, o que também não é bom.

Existem dois tipos principais desse exame que são feitos em momentos diferentes: um chamamos de glicemia de jejum, ele funciona para verificar quantos "convidados açúcares" chegaram à festa depois de um período sem comer, geralmente de 8 a 12 horas. Isso dá aos profissionais de saúde uma ideia de como o seu corpo está lidando com o açúcar quando você não está reabastecendo a festa com mais comida. O outro é a glicemia pós-prandial: este teste é feito depois de você comer, geralmente duas horas após uma refeição, para ver como o número de "convidados açúcares" aumenta e como o seu corpo lida com esse aumento. É como checar a festa no seu auge, quando todos os convidados já chegaram.

Saber quantos "convidados açúcares" estão na sua festa interna ajuda os profissionais de saúde a entender se o seu corpo está mantendo tudo em ordem ou se precisa de ajuda para gerenciar os convidados. Se for necessário, eles vão te dar dicas ou remédios para garantir que a festa dentro de você aconteça da melhor maneira possível, mantendo você saudável.

O que é o exame de hemoglobina glicada?

O exame de hemoglobina glicada, também conhecido como HbA1c, é como um filme que conta a história dos últimos dois a três meses da festa do açúcar no seu sangue. Ao invés de mostrar apenas o que está acontecendo no momento, como a glicemia de jejum ou pós-prandial que já aprendemos, como um espião que relata a quantidade de açúcar no sangue de uma vez só, esse exame dá uma visão geral de como o açúcar e o seu corpo têm se entendido ao longo do tempo.

A hemoglobina é uma parte dos seus glóbulos vermelhos, que são como os carros que transportam oxigênio para todas as partes do seu corpo. O açúcar (glicose) tem uma característica interessante: ele pode grudar na hemoglobina, como um adesivo. Então, quando você tem muito açúcar no sangue, ele começa a grudar na hemoglobina, formando o que chamamos de hemoglobina glicada. Então, medir a HbA1c é como contar quantos carros estão com adesivos de açúcar, o que nos diz o quão doce tem sido a viagem nos últimos meses.

Um resultado mais alto no teste de HbA1c significa que houve muitos "adesivos de açúcar" nos "carros", ou seja, o seu nível de açúcar no sangue tem sido consistentemente alto. Isso pode ser um sinal de que o diabetes não está sendo bem controlado ou, se você ainda não foi diagnosticado com diabetes, pode indicar que você está em risco ou já tem a condição. Por outro lado, um resultado dentro dos valores esperados mostra que o nível de açúcar no sangue tem sido bem gerenciado, o que é ótimo para a sua saúde.

Ah, quer saber de uma coisa bem legal? A hemoglobina glicada é um exame dedo-duro! Alguns pacientes, quando sabem que terão que fazer exame de sangue, começam a fazer uma dieta bem rigorosa alguns dias antes para tentar ajustar os níveis de glicose. Nesse caso, a glicemia de jejum pode vir até boa, mas a hemoglobina glicada vai dedurar o paciente para os profissionais de saúde: nós vamos saber que você fez dieta só nos últimos dias próximos ao exame! Esse exame é superimportante porque dá uma ideia clara de como está o controle do diabetes a longo prazo, ajudando a ajustar o tratamento se necessário. É como olhar para trás e ver como a festa tem corrido, para garantir que o futuro seja ainda melhor e mais saudável.

Capítulo 5: Aspectos Psicológicos e Apoio

Como aceitar o diagnóstico de diabetes?

Receber o diagnóstico de diabetes pode ser como se de repente você se encontrasse em uma estrada desconhecida, sem mapa ou bússola. Pode ser assustador, confuso e, às vezes, solitário. Mas quero que você saiba que, embora o caminho à frente possa parecer incerto, você não está sozinho nessa jornada.

Aceitar o diagnóstico de diabetes é um processo, não um evento único. É normal sentir uma montanha-russa de emoções - medo, raiva, tristeza e até negação. Esses sentimentos são todos válidos. Permita-se sentir o que você precisa sentir. Não é apenas sobre aceitar um diagnóstico; é também sobre aceitar que está bem não estar bem às vezes.

Comece com pequenos passos. Informe-se sobre o diabetes, mas faça isso no seu próprio ritmo. Há muita informação por aí, e pode ser esmagador. Procure fontes confiáveis e lembre-se de que cada pessoa com diabetes é única - o que funciona para um pode não funcionar para outro. Conecte-se com outras pessoas que estão passando pelo mesmo que você. Grupos de apoio, seja online ou presencial, podem oferecer não apenas informações úteis, mas também compreensão e empatia. Ouvir e compartilhar histórias pode ser incrivelmente poderoso e curativo.

Lembre-se de celebrar as pequenas vitórias. Cada passo que você dá para gerenciar seu diabetes - seja trocar um refrigerante por água ou dar uma volta no quarteirão - é um motivo para se orgulhar. Essas pequenas escolhas somam e fazem uma grande diferença na sua saúde e bem-estar.

Não hesite em procurar apoio profissional se sentir que precisa. Médicos, farmacêuticos, enfermeiros, nutricionistas, psicólogos e educadores em diabetes estão aí para ajudá-lo a navegar por essa nova parte da sua vida, oferecendo ferramentas e estratégias para gerenciar não apenas o seu diabetes, mas também o impacto emocional que pode acompanhar o diagnóstico.

Por fim, dê tempo a si mesmo. Aceitar o diabetes é uma jornada de autodescoberta, aprendizado e crescimento. Haverá dias bons e dias ruins, e está tudo bem. O importante é que você continue caminhando, um passo de cada vez, sabendo que você tem a força para enfrentar isso e que há uma comunidade inteira pronta para apoiá-lo em cada passo do caminho. Então, respire fundo. Você tem isso. E, embora o caminho à frente possa ter curvas e desvios, também está cheio de possibilidades e oportunidades para viver uma vida plena e saudável. Você não está sozinho!

Como falar sobre o diabetes com familiares e amigos?

Compartilhar seu diagnóstico de diabetes com familiares e amigos pode ser um passo importante, mas também desafiador. Você pode estar preocupado com como eles vão reagir ou se vão entender o que você está passando. Aqui vai uma forma carinhosa e eficaz de abrir essa conversa, mantendo a empatia e promovendo uma escuta ativa.

Imagine que você está reunindo suas pessoas queridas para compartilhar uma história importante. Comece por escolher um momento tranquilo, onde você possa falar sem pressa e em um ambiente acolhedor. Você pode dizer algo como: "Eu tenho algo importante para compartilhar com vocês. Recentemente, descobri que tenho diabetes. Sei que pode haver muitas dúvidas sobre o que isso significa, e eu mesmo estou aprendendo a lidar com isso a cada dia".

Explique o que é o diabetes de uma maneira simples, como se estivesse contando uma história que todos possam entender. Você pode usar analogias ou comparações que façam sentido para sua família e amigos. Por exemplo: "Imaginem que nosso corpo é como uma máquina que precisa de energia para funcionar, e essa energia vem do açúcar no nosso sangue. No meu caso, essa máquina está tendo um pouco de dificuldade para usar o açúcar da forma correta".

É importante expressar como você se sente em relação ao diagnóstico e ao futuro. "No começo, eu me senti [insira suas emoções aqui], mas estou aprendendo que com os cuidados certos, posso levar uma vida normal e saudável. Eu realmente apreciaria o apoio de vocês nessa jornada".

Compartilhe como eles podem ajudar. Pode ser algo prático, como manter opções de comida saudável em casa, ou algo emocional, como simplesmente estar lá para ouvir quando você precisar falar. "O apoio de vocês significa muito para mim, seja fazendo companhia em uma caminhada ou apenas ouvindo quando eu precisar desabafar sobre os desafios do dia a dia".

Por último, ofereça recursos onde eles podem aprender mais sobre o diabetes, seja recomendando sites confiáveis, livros ou até sugerindo participar de uma consulta médica com você: "Se vocês quiserem entender mais sobre o diabetes, posso compartilhar alguns recursos que encontrei muito úteis. Acho que, juntos, podemos tornar essa jornada mais fácil". Você pode inclusive compartilhar esse livro com eles, aprender sobre diabetes não é algo apenas para quem tem diabetes, é algo que todos devemos saber! Digo isso, pois todos nós conhecemos ou vivemos com alguém que tem essa doença.

Lembrar que é normal que familiares e amigos tenham reações diferentes. Alguns podem querer ajudar imediatamente, enquanto outros podem precisar de tempo para processar a notícia, principalmente pois o diabetes ainda carrega alguns estigmas. Seja paciente e aberto às perguntas deles, e lembre-se de que compartilhar sua experiência não apenas os educa sobre o diabetes, mas também fortalece o apoio e a compreensão entre vocês.

Existem grupos de apoio para pessoas com diabetes?

Existem muitos grupos de apoio para pessoas com diabetes, e eles podem ser incrivelmente valiosos. Imagine esses grupos como um grande círculo de amigos que realmente entendem o que você está passando porque estão na mesma jornada que você. Eles estão lá para compartilhar conselhos, experiências, risadas e até mesmo lenços para as lágrimas nos dias difíceis.

Esses grupos de apoio podem ser encontrados em várias formas. Há os presenciais, que se reúnem em hospitais, clínicas, centros comunitários ou igrejas. Participar desses encontros permite que você conheça outras pessoas face a face, compartilhe histórias pessoalmente e sinta o conforto e a compreensão em um nível muito humano.

Também existem grupos de apoio online, que podem ser encontrados em redes sociais, fóruns ou websites dedicados ao diabetes. Eles são ótimos para quem tem uma agenda cheia, dificuldades de locomoção ou simplesmente prefere a conveniência de se conectar com outros do conforto de casa. Esses grupos online oferecem um espaço para fazer perguntas, buscar conselhos e encontrar suporte a qualquer hora do dia ou da noite.

No caso dos grupos online, apenas dou um conselho: cuidado com informações erradas e falsas. É muito comum que informações sem embasamento sejam compartilhadas por membros desses grupos! Essas informações podem até mesmo prejudicar a saúde de outras pessoas. Se você ficar com alguma dúvida, sempre consulte seu profissional de saúde de confiança.

Além disso, existem associações e organizações dedicadas ao diabetes que frequentemente organizam eventos, workshops e encontros para pessoas com diabetes e suas famílias. A própria Sociedade Brasileira de Diabetes promove muitos eventos presenciais e online interessantes para pacientes! Participar dessas atividades pode não apenas proporcionar apoio emocional, mas também educacional, ajudando você a aprender mais sobre o gerenciamento do diabetes, novos tratamentos e estratégias para uma vida saudável.

Entrar em um grupo de apoio pode fazer uma grande diferença na forma como você gerencia o diabetes. É um lembrete poderoso de que você não está sozinho nessa jornada. Ter pessoas com quem você pode se abrir, que entendem suas lutas e vitórias, pode ser incrivelmente fortalecedor. Juntos, vocês podem compartilhar dicas práticas, incentivar uns aos outros a manter um estilo de vida saudável e até mesmo se manter mutuamente motivados para alcançar seus objetivos de saúde.

Se você está interessado em encontrar um grupo de apoio, pode começar perguntando ao seu médico, farmacêutico ou enfermeiro, procurando em sites de associações de diabetes locais ou nacionais, ou fazendo uma busca simples na internet. Lembre-se, cada pessoa com diabetes tem uma história única, e compartilhar essas histórias em um grupo de apoio pode ser uma fonte rica de força e esperança.

Tenho vergonha de ter diabetes, e agora?

Sentir vergonha por ter diabetes é algo que algumas pessoas enfrentam, mas é importante lembrar que o diabetes é uma condição médica, não um reflexo do seu valor ou força como pessoa. É como carregar uma mochila invisível todos os dias; ninguém escolhe carregá-la, mas aprender a viver com ela faz parte do caminho.

Primeiro, saiba que você não está sozinho. Muitas pessoas compartilham dessa jornada e entendem exatamente como você se sente. A vergonha muitas vezes vem do medo do julgamento dos outros, da ideia errada de que ter diabetes significa que você falhou de alguma forma ou não cuidou de si mesmo. Mas a verdade é que o diabetes pode acontecer a qualquer um, e muitos fatores contribuem para isso, muitos dos quais estão fora do nosso controle, como genética e fatores ambientais.

Uma maneira de lidar com essa vergonha é se educar sobre o diabetes. Quanto mais você souber sobre sua condição, mais capacitado você se sentirá para gerenciá-la e mais confiante para falar sobre ela. O diabetes não é uma falha sua; é apenas uma parte da sua vida que requer atenção e cuidado.

Outra estratégia é conectar-se com outras pessoas que têm diabetes. Grupos de apoio, seja online ou presenciais, podem ser incrivelmente úteis. Ouvir e compartilhar experiências pode ajudar a diminuir a sensação de isolamento e vergonha, além de reforçar que ter diabetes é apenas um aspecto da sua vida, não a define como pessoa.

Também pode ser útil praticar a auto-compaixão. Trate-se com a mesma gentileza e compreensão que você daria a um amigo na mesma situação. Lembre-se de que gerenciar o diabetes é um ato de cuidado consigo mesmo, não um motivo de vergonha.

Se a vergonha estiver impactando significativamente sua qualidade de vida ou a gestão do diabetes, pode ser útil procurar o apoio de um profissional de saúde mental. Terapias como a cognitivo-comportamental podem ser eficazes para trabalhar sentimentos de vergonha e construir uma autoimagem mais positiva.

Por fim, lembre-se de que cada pessoa tem sua própria luta ou condição que está tentando gerenciar; o diabetes é apenas uma delas. Com o tempo, a vergonha pode dar lugar à aceitação e à força, à medida que você se torna mais confiante na gestão do diabetes e no reconhecimento de sua capacidade de viver uma vida plena e saudável, apesar dos desafios que ela apresenta.

Tenho medo de sofrer preconceito por ter diabetes, e agora?

É compreensível sentir medo de sofrer preconceito por ter diabetes, principalmente quando pensamos em como essa condição foi vista no passado. Houve um tempo em que o diabetes era considerado uma doença terminal, cercado de estigmas e mal-entendidos. As pessoas não tinham muitas informações ou recursos para gerenciá-lo efetivamente, o que contribuía para uma visão negativa da doença.

No entanto, com o avanço da ciência, essa percepção mudou drasticamente. Hoje, sabemos que o diabetes é uma condição para a vida toda que, embora séria, pode ser gerenciada com sucesso através de medicação, mudanças na dieta, exercícios físicos e monitoramento regular. A comunidade médica fez enormes progressos no entendimento e no tratamento do diabetes, possibilitando às pessoas viverem vidas longas, saudáveis e ativas.

Apesar desses avanços, o medo do preconceito pode persistir. É importante lembrar que o preconceito muitas vezes nasce da falta de informação ou compreensão. Uma das melhores maneiras de combater esse medo é através da educação - tanto a sua própria quanto a dos outros. Quando você se sente seguro sobre seu conhecimento do diabetes e confiante na sua gestão, você se torna um embaixador poderoso contra o preconceito.

Compartilhar sua experiência de maneira aberta, quando se sentir confortável, pode ajudar a quebrar estigmas e mudar percepções. Muitas vezes, as pessoas têm preconceitos porque não conhecem alguém com diabetes ou não entendem o que realmente significa viver com essa condição. Ao falar sobre suas rotinas de gerenciamento, os desafios que você enfrenta e como você os supera, você pode ajudar a educar aqueles ao seu redor e promover uma maior empatia e compreensão.

Além disso, envolver-se com a comunidade de diabetes, seja através de grupos de apoio ou organizações dedicadas, pode fornecer não apenas um sistema de suporte valioso, mas também oportunidades para advogar por maior conscientização e aceitação. Lembre-se, o medo do preconceito não deve impedir você de viver sua vida plenamente ou de buscar o apoio que você merece. O diabetes é apenas uma parte de quem você é, e com os recursos e conhecimentos disponíveis hoje, você tem o poder de gerenciar sua saúde e desafiar qualquer estigma associado a essa condição.

Sofri preconceito por ter diabetes, o que fazer?

Se você sofreu preconceito por ter diabetes, é importante lembrar que você não está sozinho e que o preconceito vem da falta de conhecimento ou compreensão das outras pessoas, não de qualquer falha sua. Lidar com essa situação pode ser difícil, mas há maneiras de enfrentá-la e encontrar apoio.

Primeiro, reconheça seus sentimentos. É natural se sentir magoado, frustrado ou até mesmo zangado quando se depara com preconceito. Permita-se sentir essas emoções, mas também tente não deixar que elas dominem você. Lembre-se de que o preconceito é um reflexo das limitações da outra pessoa, não da sua condição ou valor como ser humano.

Em segundo lugar, busque apoio. Converse com amigos, familiares ou outras pessoas que você confia sobre o que aconteceu. Às vezes, apenas falar sobre a experiência pode ser um grande alívio. Além disso, grupos de apoio para pessoas com diabetes podem ser um recurso valioso, pois permitem que você compartilhe suas experiências com pessoas que realmente entendem o que você está passando.

Educar os outros pode ser uma forma poderosa de combater o preconceito. Muitas vezes, o preconceito surge da ignorância. Se você se sentir à vontade, use a oportunidade para educar a pessoa que demonstrou preconceito sobre o que realmente significa viver com diabetes. Isso pode incluir explicar como o diabetes é gerenciado, desmistificar estereótipos e destacar que ter diabetes não o impede de levar uma vida plena e ativa.

Considere advogar por maior conscientização sobre o diabetes. Isso pode envolver participar de campanhas de conscientização, escrever sobre sua experiência em blogs ou redes sociais, ou envolver-se com organizações que trabalham para promover a compreensão do diabetes. Ao levantar a voz, você não apenas ajuda a si mesmo, mas também a outras pessoas que podem estar enfrentando situações semelhantes.

Por fim, se o preconceito que você enfrentou ocorreu em um ambiente de trabalho ou escolar, ou se teve consequências mais sérias, pode ser útil buscar aconselhamento legal ou falar com um conselheiro ou psicólogo para obter orientação sobre como proceder. Existem leis que te protegem de casos como esse e você deve buscar ajuda!

Lembre-se, o preconceito é sempre inaceitável, e você tem o direito de ser tratado com respeito e dignidade. Ao buscar apoio e tomar medidas para educar os outros, você pode ajudar a mudar as atitudes em relação ao diabetes e reforçar que ter diabetes é apenas uma parte da sua história, não a definição de quem você é.

Não acredito que eu tenho diabetes, o que fazer?

Descobrir que você tem diabetes pode ser um choque tão grande que, às vezes, é difícil acreditar que isso é verdade. É como se de repente você recebesse um papel para um personagem que nunca imaginou interpretar. Você pode se sentir confuso, negar a realidade ou até mesmo pensar que houve um erro. Essas reações são normais e fazem parte do processo de aceitação de uma mudança significativa na sua vida.

O primeiro passo é permitir-se tempo para processar a notícia. Não há pressa em aceitar tudo de uma vez. Assim como quando se está aprendendo algo novo, leva tempo para entender e se adaptar à ideia de ter diabetes. Dê a si mesmo a permissão de sentir o que vier - raiva, tristeza, incredulidade. Essas emoções são todas válidas e parte do caminho para a aceitação.

Conversar com alguém pode ser muito útil. Pode ser um profissional de saúde, como o médico que fez o diagnóstico, um psicólogo ou até mesmo um amigo ou membro da família em quem você confia. Falar sobre seus sentimentos e dúvidas pode não apenas aliviar o peso que você está carregando, mas também esclarecer muitas questões que você pode ter sobre o diabetes e como ele afeta sua vida.

Informar-se sobre o diabetes é outra etapa importante. Muitas vezes, o medo e a negação vêm da incerteza ou falta de informação. Procure recursos confiáveis que possam ajudá-lo a entender o que é o diabetes, como ele é gerenciado e o que você pode fazer para viver bem com essa condição. Saber mais sobre o diabetes pode transformar o desconhecido em familiar, tornando a ideia menos assustadora.

Considere participar de um grupo de apoio para pessoas com diabetes. Ouvir e compartilhar experiências com outros que estão na mesma situação pode ser incrivelmente reconfortante. Saber que você não está sozinho nessa jornada e que há outras pessoas que entendem exatamente pelo que você está passando pode ser um grande alívio.

Por fim, se você ainda está lutando para aceitar o diagnóstico, pode ser útil procurar uma segunda opinião médica. Às vezes, apenas ter a confirmação de outro profissional pode ajudar a solidificar a realidade em sua mente e motivá-lo a tomar as medidas necessárias para cuidar de sua saúde.

Lembrar que ter diabetes não define quem você é. É apenas uma parte da sua vida que, com cuidado e atenção, pode ser bem gerenciada. Permita-se tempo para aceitar, aprender e adaptar-se.

Com o apoio certo e as informações corretas, você pode e vai navegar por essa nova parte da sua vida com força e resiliência.

Qual o impacto do diabetes na saúde mental e como buscar ajuda?

Lidar com o diabetes não afeta apenas o corpo; também pode ser um grande desafio para a mente. É como carregar uma mochila todos os dias: para algumas pessoas, ela pode parecer leve e gerenciável, mas para outras, pode pesar mais, afetando profundamente a saúde mental. O impacto do diabetes na saúde mental é real e significativo, envolvendo sentimentos de ansiedade, preocupação com as complicações a longo prazo, estresse pela gestão constante da condição e, em alguns casos, depressão.

Imagine ter que manter um equilíbrio constante, como caminhar em uma corda bamba, onde de um lado está o controle do açúcar no sangue e, do outro, as atividades do dia a dia. Esse equilíbrio constante pode ser exaustivo, fazendo com que algumas pessoas se sintam sobrecarregadas ou presas em uma rotina que parece não deixar espaço para erros. Além disso, enfrentar o estigma ou o mal-entendido sobre o diabetes por parte de outros pode aumentar a sensação de isolamento ou de ser mal compreendido.

Buscar ajuda é um passo corajoso e importante em direção ao bem-estar. Conversar com seu médico sobre como você está se sentindo é um bom ponto de partida. Eles podem avaliar sua saúde mental e, se necessário, recomendar um profissional de saúde mental, como um psicólogo ou psiquiatra, especializado em ajudar pessoas com condições crônicas.

Além do suporte profissional, conectar-se com outras pessoas que vivem com diabetes pode ser incrivelmente valioso. Grupos de apoio, seja presenciais ou online, oferecem um espaço seguro para compartilhar experiências, desafios e conquistas. Saber que você não está sozinho e que suas preocupações são entendidas pode ser um grande conforto.

Práticas de autocuidado também são fundamentais. Isso pode incluir atividades que promovam o relaxamento e o bem-estar, como exercícios físicos, meditação, hobbies que você ama ou simplesmente passar tempo na natureza. Essas atividades podem ajudar a aliviar o estresse e promover uma sensação de paz e equilíbrio interior.

Lembre-se, sua saúde mental é tão importante quanto sua saúde física. Cuidar da mente é um aspecto crucial do manejo do diabetes. Ao enfrentar desafios emocionais, buscar ajuda e apoio não é um sinal de fraqueza, mas sim um ato de força e um passo importante para viver bem com o diabetes. Com o apoio certo, é possível encontrar estratégias para lidar com o estresse, superar o medo e viver uma vida plena e significativa, apesar dos desafios que o diabetes possa trazer.

Capítulo 6: Mantendo o Diabetes Controlado

Quais profissionais podem me ajudar a controlar meu diabetes?

Controlar o diabetes é como montar uma equipe para uma grande aventura. Cada membro da equipe tem um papel único e essencial para garantir que a jornada seja bem-sucedida. No caso do diabetes, essa aventura é o seu caminho para uma vida saudável, e a equipe é composta por vários profissionais de saúde, cada um trazendo conhecimento e habilidades específicas para ajudá-lo a navegar pelos desafios dessa condição.

Primeiro, temos o médico clínico geral ou o médico de família. Ele conhece bem a sua história de saúde e pode ajudar no diagnóstico inicial, além de orientar sobre os primeiros passos no manejo do diabetes. Esse profissional também pode ajudar a coordenar os cuidados com outros especialistas.

Então, temos o endocrinologista, que é como um especialista em mapas e terrenos, focado exclusivamente nas doenças das glândulas do corpo, incluindo o diabetes. Ele pode oferecer orientações detalhadas sobre o tratamento do diabetes, ajustando medicamentos e monitorando os níveis de açúcar no sangue para garantir que você esteja no caminho certo.

O farmacêutico atua como o especialista em medicamentos, garantindo que você tenha as ferramentas certas para o controle do diabetes, suprimentos e equipamentos para testes de açúcar no sangue. Ele também pode oferecer conselhos sobre como tomar os medicamentos corretamente e esclarecer dúvidas sobre efeitos colaterais. O farmacêutico clínico pode te acompanhar e ajudar a deixar o diabetes sob controle. Ele é o profissional que está frequentemente mais próximo de você, pronto para oferecer suporte diário, educação e orientação prática. Ele ajuda a traduzir as orientações médicas para a linguagem do dia a dia, tornando o gerenciamento do diabetes uma parte mais integrada e menos intimidadora da sua vida. Imagine o farmacêutico clínico como alguém que segura sua mão e caminha ao seu lado, ensinando-lhe como monitorar os níveis de açúcar no sangue, aplicar insulina com segurança, tomar os medicamentos de forma correta, e reconhecer os sinais de alerta de que algo não vai bem.

A nutricionista entra como a especialista em alimentos da equipe, ensinando como planejar refeições que ajudem a controlar os níveis de açúcar no sangue, sem renunciar ao prazer de comer. Ela pode mostrar como equilibrar carboidratos, proteínas e gorduras, além de orientar sobre as melhores escolhas alimentares para manter a energia durante a aventura.

O enfermeiro desempenha um papel vital na sua equipe de cuidados com o diabetes, atuando como um verdadeiro companheiro de viagem nessa jornada. Uma das principais atribuições dele é rastrear o diabetes e cuidar dos seus pés para prevenir feridas. Com um profundo conhecimento sobre o diabetes e uma abordagem centrada no paciente, o enfermeiro é uma peça-chave para garantir que você se sinta confiante e capacitado a tomar as melhores decisões para a sua saúde.

O educador em diabetes é como o treinador, fornecendo informações e treinamento sobre como viver bem com o diabetes. Ele pode ensinar habilidades práticas, como medir o açúcar no sangue, aplicar injeções de insulina e reconhecer os sinais de quando seus níveis de açúcar estão muito altos ou baixos.

O psicólogo ou psiquiatra é como o conselheiro da equipe, ajudando a lidar com as emoções e os desafios psicológicos que podem surgir ao viver com o diabetes. Ele pode oferecer estratégias para enfrentar o estresse, a ansiedade e a depressão, promovendo uma saúde mental equilibrada.

Por fim, mas não menos importante, temos o podólogo, que cuida da saúde dos pés, uma área que requer atenção especial no diabetes. Ele pode ajudar a prevenir problemas nos pés, oferecendo cuidados regulares e ensinando como cuidar bem deles em casa.

Juntos, essa equipe multifuncional está equipada para apoiá-lo em cada passo da sua jornada com o diabetes, ajudando a superar obstáculos e alcançar seus objetivos de saúde. Lembre-se, a chave para uma aventura bem-sucedida é a comunicação aberta e regular com todos os membros da sua equipe de saúde, garantindo que todos estejam trabalhando juntos na mesma direção.

Como posso saber se meu tratamento para diabetes está funcionando?

Saber se seu tratamento para diabetes está funcionando é um pouco como tentar entender se sua planta de casa está feliz. Você não espera que ela pule de alegria ou comece a cantar (seria preocupante se fizesse), mas há sinais claros de que você está no caminho certo – novos brotos, folhas verdes brilhantes, e a ausência de murchar dramático. Com o diabetes, embora você não vá ver sua glicose fazendo uma dança da vitória, existem maneiras concretas de avaliar o sucesso do seu tratamento.

Primeiramente, vamos falar sobre a sagrada trindade do controle do diabetes: os números da glicemia, a hemoglobina glicada (A1C) e, claro, como você se sente. Se fossem personagens de uma sitcom, a glicemia seria aquele amigo que muda de humor várias vezes ao dia, a A1C seria o mais estável e confiável, mas que só dá notícias a cada três meses, e seu bem-estar seria o vizinho engraçado que sempre diz como as coisas realmente estão.

Monitoramento da glicemia: verificar seus níveis de glicose regularmente é como fazer um check-in diário com um amigo. "Ei, glicose, como estamos hoje?" Se você perceber que os números estão mais frequentemente dentro das metas estabelecidas por sua equipe de saúde, isso é um bom sinal de que seu tratamento está no caminho certo. Claro, a glicemia pode ser um pouco dramática e subir ou descer dependendo de vários fatores, como dieta, exercício e estresse, mas o objetivo é ter mais "dias bons" do que "dias ruins".

Hemoglobina glicada (A1C): Esse teste é o resumo da novela dos últimos três meses da sua glicemia. Ele dá uma média de como você tem se saído no controle do diabetes. Uma pontuação que se aproxima ou está dentro da meta recomendada pelo seu médico é como receber uma estrela dourada. Significa que, em média, você está mantendo sua glicose sob controle.

Como você se sente: Nunca subestime o poder de ouvir seu próprio corpo. Se você está se sentindo mais energético, menos sedento o tempo todo, e fazendo menos viagens noturnas ao banheiro, seu corpo está basicamente dizendo: "Ei, estou gostando dessa nova vibe!". Sentir-se bem é um excelente indicador de que seu tratamento está funcionando.

E, como um bônus, se você perceber que sua rotina de tratamento está se encaixando bem na sua vida diária, sem causar muitos transtornos ou estresse, isso também é um sinal de sucesso. Afinal, o melhor tratamento é aquele que você consegue seguir consistentemente, sem sentir que está tentando domar um leão selvagem todas as manhãs.

O gerenciamento do diabetes é uma jornada com altos e baixos e está tudo bem. Se você achar que os sinais estão apontando para "precisamos ajustar algo aqui", não hesite em falar com sua equipe de saúde. Eles são como os roteiristas por trás das cenas, prontos para ajustar o enredo para garantir que sua jornada com o diabetes seja o mais tranquila e bem-sucedida possível.

Quais são os sinais que os medicamentos para diabetes precisam de ajuste?

Imaginemos Sherlock Holmes, o detetive mais astuto da literatura, aplicando suas habilidades analíticas não a um mistério de assassinato, mas ao enigma do controle do diabetes. Assim como Holmes busca pistas sutis para desvendar os segredos escondidos nos cantos escuros de Londres, você também pode se tornar um detetive da sua própria saúde, atento aos sinais que sugerem a necessidade de ajustar sua medicação para diabetes.

Primeiro, considere as oscilações nos níveis de glicose no sangue como o equivalente a pistas deixadas na cena do crime. Se você notar que seus níveis de glicose estão consistentemente mais altos ou mais baixos do que o usual, apesar de seguir fielmente seu plano de tratamento, isso pode indicar que sua medicação precisa de reajuste. É como se Holmes observasse um padrão incomum nas pegadas, apontando para uma direção inesperada.

Em seguida, há a questão da fadiga, que pode ser tão enigmática quanto um código cifrado. Se você se sente constantemente cansado ou sem energia, mesmo com uma boa noite de descanso, isso pode ser um sinal de que seus níveis de glicose não estão bem controlados. Holmes, com sua lupa em mãos, poderia comparar essa fadiga aos depoimentos contraditórios dos suspeitos, sugerindo que algo não está como deveria.

A sede excessiva e a frequência aumentada de idas ao banheiro são como pistas deixadas propositalmente pelo culpado, clamando por atenção. Estes sintomas clássicos do diabetes mal controlado são sinais claros de que seu corpo está tentando eliminar o excesso de glicose, uma pista de que sua medicação pode precisar de ajustes.

Não menos importante, a experiência de hipoglicemia (baixa de açúcar no sangue) pode ser comparada a uma reviravolta inesperada na trama, algo que Holmes enfrentaria com um misto de surpresa e curiosidade. Episódios frequentes de hipoglicemia podem indicar que a dosagem de sua medicação é muito forte ou que o timing da medicação não está sincronizado com suas refeições ou atividade física.

Como Holmes diria, "quando você elimina o impossível, o que resta, por mais improvável que pareça, deve ser a verdade". Se você está encontrando esses sinais, é hora de agir como o detetive e consultar sua equipe de saúde. Assim como Holmes consulta o Dr. Watson, seu médico ou educador em diabetes pode ajudá-lo a decifrar essas pistas e ajustar seu tratamento, garantindo que você esteja no caminho certo para manter seu diabetes sob controle.

Lembrando sempre que, no mistério do controle do diabetes, você é tanto o detetive quanto o narrador da sua própria história, capaz de adaptar o enredo (seu plano de tratamento) conforme novas pistas (sintomas e medições de glicose) se revelam.

O que é um glicosímetro?

Um glicosímetro é um pequeno, mas poderoso aliado na jornada de quem vive com diabetes. Imagine ter uma ferramenta mágica que, com apenas uma gota de sangue, pode contar a quantidade de açúcar que está circulando no seu sangue naquele exato momento. Essa é a essência do glicosímetro: ele é um dispositivo eletrônico portátil que permite medir rapidamente os níveis de glicose no sangue, ajudando você a tomar decisões informadas sobre sua alimentação, exercícios, medicação e outras atividades do dia a dia.

Usar o glicosímetro é bastante simples. Primeiro, você faz um pequeno furo no dedo com uma lanceta, que é um dispositivo com uma agulha fina projetada para obter uma gota de sangue de forma rápida e com o mínimo de desconforto possível. Em seguida, você coloca essa gota de sangue em uma tira de teste que é inserida no glicosímetro. Em questão de segundos, o glicosímetro faz sua magia e exibe o nível de glicose do seu sangue na tela.

Ter um glicosímetro é como ter um mapa pessoal que mostra como os diferentes alimentos, atividades e medicamentos afetam o seu açúcar no sangue, permitindo ajustes para manter os níveis dentro de uma faixa saudável. Isso é especialmente importante no gerenciamento do diabetes, pois ajuda a evitar tanto a hipoglicemia (quando o açúcar no sangue está baixo demais) quanto a hiperglicemia (quando está alto demais), ambas condições que podem trazer complicações à saúde se não forem tratadas.

Além disso, ao registrar os resultados ao longo do tempo, você e sua equipe de saúde podem identificar padrões e tendências, permitindo ajustes mais precisos no tratamento. Isso torna o glicosímetro não apenas uma ferramenta de medição, mas um verdadeiro companheiro na gestão do diabetes, ajudando a iluminar o caminho para uma vida mais saudável e equilibrada.

Como utilizar o glicosímetro corretamente?

Usar um glicosímetro corretamente é como aprender a tocar um instrumento musical: no início pode parecer complicado, mas com prática e orientação, rapidamente se torna uma parte natural da sua rotina. Vou te guiar passo a passo nesse processo, tornando tudo mais simples e claro.

Primeiro, é importante ter tudo que você precisa à mão: o próprio glicosímetro, as tiras de teste compatíveis com o aparelho, lancetas e o dispositivo de punção (lancetador). Certifique-se de que suas mãos estejam limpas e secas para evitar a contaminação da amostra de sangue e possíveis erros na leitura.

Inicie inserindo uma tira de teste no glicosímetro. Isso geralmente liga o aparelho automaticamente, mas modelos podem variar, então é sempre bom verificar as instruções específicas do seu dispositivo. Prepare o lancetador colocando uma lanceta nova. Ajuste a profundidade de punção de acordo com a espessura da sua pele e o quanto é fácil obter uma gota de sangue; pessoas com pele mais grossa podem precisar de uma configuração mais profunda.

Escolha o local da punção, geralmente a lateral da ponta do dedo, pois tende a doer menos do que o centro. É uma boa ideia alternar os dedos e os locais de punção para evitar dor ou calosidades. Com o lancetador pronto, pressione-o contra a pele e dispare a lanceta para fazer um pequeno furo e liberar uma gota de sangue.

Toque levemente a ponta da tira de teste no sangue. A tira vai absorver o sangue e o glicosímetro começará a analisar a amostra. Em alguns segundos, o resultado aparecerá na tela. É importante anotar o resultado para acompanhar os níveis de glicose ao longo do tempo, o que pode ser feito em um diário de glicemia, um aplicativo no smartphone ou outro sistema que funcione para você.

Após o uso, descarte a lanceta usada em um recipiente apropriado para objetos cortantes, para garantir a segurança de todos. As tiras de teste também devem ser descartadas conforme as recomendações do fabricante.

Lembre-se, se os resultados forem consistentemente fora do esperado, seja muito alto ou muito baixo, é importante entrar em contato com seu médico para discutir possíveis ajustes no seu plano de tratamento.

Com o tempo, usar o glicosímetro se tornará uma parte rápida e fácil da sua rotina diária, ajudando você a manter o controle do seu diabetes com confiança e precisão. Se surgirem dúvidas, não hesite em pedir ajuda a um profissional de saúde. Eles estão aí para apoiar você em cada passo do caminho.

O que é glicemia capilar ou de ponta de dedo?

A glicemia capilar, também conhecida como teste de ponta de dedo, é um método simples e rápido para medir o nível de açúcar, ou glicose, no seu sangue naquele exato momento. É como dar uma espiadinha rápida no seu corpo para ver como ele está lidando com o açúcar. Este teste é uma parte essencial da rotina de quem vive com diabetes, pois ajuda a tomar decisões informadas sobre alimentação, exercícios, medicação e outras ações para manter o açúcar no sangue em equilíbrio.

Imagine que seu corpo é uma casa e o açúcar no sangue são os convidados dessa casa. A glicemia capilar é como contar quantos convidados estão dentro da casa em um determinado momento. Se houver muitos convidados (ou seja, o nível de açúcar no sangue está alto), você pode precisar tomar medidas para "acalmar a festa" (reduzir o açúcar no sangue). Se houver poucos convidados (ou seja, o nível de açúcar está baixo), talvez seja hora de "animar a festa" um pouco (aumentar o açúcar no sangue).

Para fazer o teste de glicemia capilar, você usa um dispositivo chamado lancetador, que faz um furo pequeno e rápido na ponta do seu dedo para obter uma gota de sangue. Essa gota é colocada em uma tira de teste, que é lida por um aparelho chamado glicosímetro. Em poucos segundos, o glicosímetro mostra o nível de açúcar no seu sangue.

Esse teste pode ser feito em casa, no trabalho, ou onde quer que você esteja, o que o torna uma ferramenta muito conveniente para o monitoramento contínuo do diabetes. Saber como está o nível de açúcar no sangue em diferentes momentos do dia ajuda a entender como diferentes atividades e alimentos afetam seu corpo, permitindo ajustes necessários para manter tudo em harmonia.

É importante lembrar que os resultados da glicemia capilar são instantâneos, mostrando como o açúcar no sangue está naquele momento. Por isso, é uma boa prática fazer o teste regularmente e em diferentes momentos, para ter uma visão completa de como o açúcar no sangue varia ao longo do dia e em resposta a diferentes situações. Essas informações são valiosas tanto para você quanto para sua equipe de saúde, ajudando a criar o melhor plano de manejo para o seu diabetes.

O que significa HI e LO no glicosímetro?

Quando você usa um glicosímetro para verificar o nível de açúcar no sangue, às vezes pode se deparar com as leituras "HI" ou "LO" na tela. Essas mensagens são como sinais de alerta do aparelho, indicando que algo está fora do intervalo usual de medição.

"LO" significa que o nível de açúcar no seu sangue está muito baixo, abaixo do limite mínimo que o aparelho pode medir. Imagine que você está tentando ouvir uma música com o volume tão baixo que mal pode distinguir a melodia. Nesse caso, o glicosímetro está dizendo que não consegue "ouvir" o açúcar no seu sangue porque está muito baixo. Isso pode ser um sinal de hipoglicemia, uma condição que requer atenção imediata para elevar o nível de açúcar no sangue e evitar sintomas como tontura, confusão, suor frio ou até mesmo perda de consciência.

Por outro lado, "HI" indica que o nível de açúcar no sangue está muito alto, acima do limite máximo que o aparelho pode registrar. Imagine que você está em um show com a música tão alta que tudo o que você sente é o som ensurdecedor. Da mesma forma, o glicosímetro está alertando que o nível de açúcar está "ensurdecedoramente alto". Isso pode ser um sinal de hiperglicemia, que, se não for tratada, pode levar a complicações graves a longo prazo.

Se você encontrar uma dessas mensagens no seu glicosímetro, é importante tomar algumas ações. Para leituras "LO", consuma rapidamente uma fonte de açúcar de ação rápida, como suco de frutas, balas ou um gel de glicose, e depois verifique novamente seu nível de açúcar. Para leituras "HI", é crucial beber água, evitar consumir mais açúcar e, dependendo das instruções do seu médico, pode ser necessário tomar insulina ou outro medicamento para reduzir o nível de açúcar no sangue, ou até mesmo ir para o pronto socorro.

Em ambos os casos, se as leituras extremas persistirem ou se você se sentir mal, é importante entrar em contato com um profissional de saúde imediatamente. Eles podem fornecer orientações sobre como ajustar seu plano de tratamento para manter seu nível de açúcar no sangue dentro de um intervalo saudável e seguro.

É necessário trocar a bateria do aparelho de medição da glicose?

Sim, é necessário trocar a bateria do seu aparelho de medição da glicose, também conhecido como glicosímetro, de tempos em tempos. Imagine que o glicosímetro é como um relógio que precisa de energia para funcionar corretamente. Assim como um relógio que fica lento ou para de funcionar quando a bateria está fraca, o glicosímetro pode começar a dar leituras imprecisas ou até mesmo deixar de ligar se a bateria estiver acabando.

Geralmente, o próprio aparelho dará algum tipo de sinal quando a bateria estiver ficando fraca, como um ícone de bateria piscando na tela ou uma mensagem específica. É importante não ignorar esses sinais. Trocar a bateria prontamente garante que o aparelho continue fornecendo leituras precisas, o que é crucial para o manejo eficaz do seu diabetes.

Trocar a bateria do glicosímetro é geralmente um processo simples: primeiro, verifique no manual do usuário qual o tipo de bateria seu aparelho utiliza. A maioria dos glicosímetros usa baterias comuns de botão, que você pode encontrar em lojas de eletrônicos, supermercados ou farmácias. Antes de trocar a bateria, certifique-se de que o aparelho esteja desligado. Se possível, tente lembrar-se de verificar se há alguma configuração específica ou dado que precisa ser salvo antes da troca, pois alguns aparelhos podem resetar para as configurações de fábrica quando a bateria é removida. Abra o compartimento da bateria, que geralmente fica na parte de trás do aparelho. Você pode precisar de uma pequena chave de fenda ou uma moeda para abrir, dependendo do modelo. Retire a bateria usada e coloque a nova, prestando atenção à polaridade (lado positivo "+" e lado negativo "-"). Feche o compartimento da bateria e ligue o aparelho para testar se está funcionando corretamente. Lembrar de descartar a bateria usada de forma responsável, seguindo as recomendações locais para o descarte de baterias e produtos eletrônicos.

Manter uma bateria de reserva e estar atento aos sinais de que é hora de trocar garantem que você possa continuar monitorando sua glicose sem interrupções. Isso é uma parte importante do cuidado diário com o diabetes, ajudando a manter sua saúde e bem-estar no caminho certo.

Eu preciso comprar um medidor de glicose?

Se você foi diagnosticado com diabetes, adquirir um medidor de glicose, ou glicosímetro, pode ser uma decisão sábia. Este pequeno aparelho é uma ferramenta valiosa que permite monitorar os níveis de açúcar no sangue no conforto da sua casa, oferecendo a você uma visão instantânea de como diferentes alimentos, atividades físicas, medicamentos e outros fatores influenciam sua glicemia. Pense nisso como ter um guia pessoal que te ajuda a navegar pela complexidade do manejo do diabetes, permitindo ajustes em tempo real para manter sua saúde no caminho certo.

Para muitas pessoas, o monitoramento regular da glicose é uma parte crucial do plano de tratamento do diabetes, ajudando a evitar complicações tanto a curto quanto a longo prazo. Com os dados fornecidos pelo glicosímetro, você e sua equipe de saúde podem trabalhar juntos de forma mais eficaz, ajustando a dieta, a atividade física e os medicamentos conforme necessário para manter seus níveis de glicose dentro dos alvos recomendados.

No entanto, a decisão de comprar um glicosímetro deve ser feita em conjunto com a equipe de saúde que presta de cuidados com o diabetes para você. Eles podem oferecer orientações sobre a frequência de monitoramento necessária para sua situação específica e recomendar o tipo de glicosímetro que melhor atende às suas necessidades. Alguns planos de saúde podem até cobrir o custo do aparelho e das tiras de teste, dependendo da sua cobertura.

Também é possível, em certos casos, obter um glicosímetro pelo Sistema Único de Saúde (SUS) no Brasil. É um processo acessível que visa garantir o acompanhamento eficaz do diabetes para aqueles que necessitam desse cuidado. Para dar início a esse processo, o primeiro passo é consultar um médico do SUS, que pode ser acessado através da Unidade Básica de Saúde (UBS) mais próxima de sua residência. Durante a consulta, é importante discutir a sua condição de saúde e a necessidade do monitoramento da glicemia em casa. Se o médico avaliar que o uso do glicosímetro é essencial para o seu tratamento, ele emitirá uma prescrição médica para o aparelho e as tiras de teste necessárias. Com essa prescrição em mãos, você deverá dirigir-se à farmácia vinculada ao programa de distribuição de insumos para diabéticos do SUS.

É importante verificar a disponibilidade do aparelho e das tiras na sua região, pois a distribuição pode variar conforme a localidade. Esse serviço faz parte da política de atenção à saúde do paciente com diabetes, garantindo que pacientes tenham acesso aos recursos necessários para o manejo efetivo da doença, promovendo uma melhor qualidade de vida e permitindo que o acompanhamento da glicemia seja feito de forma regular e segura.

Além disso, é importante receber um treinamento adequado sobre como usar o glicosímetro corretamente para garantir leituras precisas. Isso inclui saber como coletar uma amostra de sangue, como armazenar as tiras de teste e como interpretar os resultados. Muitas vezes, farmacêuticos ou clínicas oferecem esse treinamento quando você adquire o aparelho.

Em resumo, possuir um glicosímetro pode te dar controle ativo da sua saúde, oferecendo uma maneira conveniente e eficaz de monitorar seus níveis de glicose. Ao se tornar um aliado no seu dia a dia, o glicosímetro ajuda a iluminar o caminho para um manejo bem-sucedido do diabetes, apoiando suas decisões de estilo de vida e tratamento para uma vida mais saudável e equilibrada.

Eu consigo o medidor de glicose pelo SUS?

Como vimos também na pergunta anterior, sim, é possível conseguir um medidor de glicose, também conhecido como glicosímetro, pelo Sistema Único de Saúde (SUS) no Brasil. O SUS oferece essa ferramenta essencial para pessoas diagnosticadas com diabetes, visando facilitar o monitoramento dos níveis de glicose no sangue e auxiliar no controle da doença.

Para obter um glicosímetro pelo SUS, o primeiro passo é ter um diagnóstico de diabetes confirmado por um médico. Com esse diagnóstico, você deve buscar atendimento em uma Unidade Básica de Saúde (UBS) ou em um centro especializado vinculado ao SUS. Durante a consulta, é importante expressar a necessidade do monitoramento domiciliar da glicemia e discutir como o uso do glicosímetro pode ser integrado ao seu plano de tratamento. Se o médico avaliar que o uso do glicosímetro é necessário para o seu caso, ele emitirá uma prescrição para o aparelho e para as tiras de teste. Com essa prescrição, você poderá retirar o glicosímetro em uma farmácia do SUS que forneça esses insumos, de acordo com os programas de atenção à saúde do diabético disponíveis na sua região.

É importante lembrar que a disponibilidade de glicosímetros e tiras de teste pode variar de acordo com a localidade e os recursos disponíveis no momento. Por isso, é recomendável verificar previamente na UBS ou na secretaria de saúde local quais são os procedimentos específicos e a disponibilidade dos insumos na sua área.

Conseguir um glicosímetro pelo SUS é parte do compromisso do sistema de saúde com o cuidado integral aos pacientes com diabetes, facilitando o acesso a ferramentas importantes para o controle efetivo da doença e promovendo uma melhor qualidade de vida.

A hemoglobina glicada deve ser a mesma para todo mundo?

A meta da hemoglobina glicada, ou HbA1c, não é uma única marca no campo para todos os jogadores do futebol do diabetes. Assim como cada jogador tem uma posição específica no campo, com diferentes responsabilidades e estratégias para marcar um gol, a meta ideal de HbA1c varia de pessoa para pessoa, dependendo de várias características individuais, como idade, estado de saúde geral, riscos de hipoglicemia e duração do diabetes.

Imagine que os jogadores mais jovens no campo do diabetes precisam de uma estratégia mais agressiva, mirando um gol com uma meta de HbA1c mais baixa. Isso se deve ao fato de terem mais tempo no jogo (uma expectativa de vida mais longa) e uma capacidade potencialmente maior de lidar com um controle rigoroso do açúcar no sangue sem correr tantos riscos de hipoglicemia. Para eles, manter a bola (nível de glicose no sangue) mais próxima possível do gol (uma meta de HbA1c menor) pode ser o melhor caminho para uma vitória a longo prazo contra as complicações do diabetes.

Por outro lado, os jogadores mais experientes, ou seja, pacientes mais idosos, podem precisar mirar um gol um pouco mais largo, com valores mais altos de HbA1c permitidos. Isso acontece porque eles podem estar jogando com condições de saúde adicionais que tornam o controle rigoroso do açúcar no sangue menos seguro, aumentando o risco de hipoglicemia, que é quando o nível de açúcar no sangue cai muito. Para esses jogadores, o objetivo é manter a bola em jogo de maneira segura, evitando tanto os altos quanto os baixos extremos de glicose no sangue.

A definição dessa meta é como escolher a melhor tática para vencer o jogo do diabetes, levando em consideração as características e necessidades individuais de cada jogador. É uma decisão feita em equipe, com você e os profissionais de saúde discutindo juntos qual é o alvo mais seguro e eficaz no seu caso, sempre visando o melhor equilíbrio entre controlar o diabetes e manter uma boa qualidade de vida. Assim como no futebol, onde a estratégia se ajusta conforme o jogo progride, sua meta de HbA1c pode ser revisada e ajustada ao longo do tempo, conforme mudam suas condições de saúde e necessidades.

Quantas vezes por dia é preciso medir a glicemia capilar?

A frequência com que você precisa medir a glicemia capilar, ou seja, o nível de açúcar no sangue através de um teste de ponta de dedo, pode variar bastante, como a rotina de treinos de um atleta que se prepara para diferentes competições. Não existe uma regra única que se aplique a todos, pois depende muito do tipo de diabetes, do plano de tratamento e dos objetivos individuais de controle da glicose.

Para os jogadores da equipe do diabetes tipo 1, frequentemente é recomendado medir a glicemia várias vezes ao dia, às vezes até antes e depois das refeições, antes de dormir e antes de praticar exercícios. Por exemplo, medir sempre imediatamente antes e 2 horas depois de cada refeição: café da manhã, almoço, jantar e ceia. Isso porque, assim como um atleta precisa ajustar seu treino e dieta com base em sua performance e próximas competições, pessoas com diabetes tipo 1 usam essas medições para ajustar as doses de insulina e tomar decisões sobre alimentação e atividade física para manter os níveis de glicose o mais próximo possível do alvo.

Por outro lado, para os membros da equipe do diabetes tipo 2, especialmente aqueles que não usam insulina ou controlam a condição através de dieta e exercício, a frequência das medições pode ser menor. Pode ser suficiente verificar a glicemia uma ou duas vezes ao dia ou até mesmo algumas vezes por semana, dependendo das instruções do profissional de saúde. É como um atleta que não está em temporada de competições, mas ainda precisa manter uma rotina de treino regular para ficar em forma. Em casos em que o diabetes tipo 2 é tratado com insulina ou outros medicamentos que podem aumentar o risco de hipoglicemia, o médico pode recomendar uma frequência de testes semelhante à dos pacientes com diabetes tipo 1, ou seja, várias vezes ao dia, para garantir que tudo está sob controle.

O importante é que cada pessoa com diabetes, junto com sua equipe de saúde, defina um plano de "treino" personalizado para o monitoramento da glicemia, levando em conta suas necessidades específicas, estilo de vida e objetivos de tratamento. Assim como um técnico ajusta a estratégia baseando-se no desempenho do atleta, o plano para medir a glicemia deve ser flexível e ajustável, baseado em como você está indo no controle do diabetes.

Quais são os melhores horários para medir a glicemia?

Os melhores horários para medir a glicemia são como pontos estratégicos em um dia de um atleta, cada um oferecendo informações valiosas sobre como o corpo está respondendo às atividades diárias, alimentação e aos medicamentos. Esses momentos estratégicos ajudam a compreender melhor o controle do diabetes e ajustar o tratamento conforme necessário. Aqui estão os "horários de treino" mais recomendados:

Ao acordar (em jejum): medir sua glicemia logo ao acordar, antes de comer ou beber qualquer coisa (exceto água), fornece uma linha de base do seu nível de açúcar no sangue. É como verificar o campo antes do jogo começar, dando uma ideia clara de como seu corpo gerenciou o açúcar no sangue durante a noite.

Antes das refeições: checar a glicemia antes de comer ajuda a decidir sobre a quantidade de carboidratos a consumir ou a dose de insulina necessária, se você a utiliza. É como planejar sua estratégia de jogo baseado no time adversário que você enfrentará.

Duas horas após as refeições: medir cerca de duas horas depois de comer permite ver como o corpo está lidando com os carboidratos ingeridos. Isso ajuda a entender se a estratégia de alimentação ou medicação está funcionando ou se ajustes são necessários. É como avaliar o desempenho do time no intervalo do jogo para fazer melhorias no segundo tempo.

Antes de dormir: Verificar a glicemia antes de ir para a cama ajuda a prevenir níveis baixos de açúcar durante a noite. É como fazer uma última verificação antes de o time descansar, garantindo que tudo esteja preparado para um descanso sem interrupções.

Outros horários possíveis são de madrugada, por volta das 3 horas da manhã, para ver se você não está tendo hipoglicemia durante o sono. Para pessoas que usam insulina ou medicamentos que aumentam o risco de hipoglicemia, pode ser útil também medir a glicemia antes de exercícios físicos para prevenir quedas de açúcar durante a atividade. Isso é comparável a fazer um aquecimento adequado e verificar o equipamento antes de um grande esforço físico.

Para muitos casos, os profissionais de saúde também recomendam fazer a medida da glicemia antes de dirigir, operar máquinas pesadas ou realizar alguma atividade que pode gerar risco para você ou outras pessoas no caso de você ficar inconsciente por conta de uma hipoglicemia. Isso é especialmente válido para pacientes com histórico de muitas hipoglicemias sem controle.

Lembre-se, esses horários são sugestões gerais, e o melhor plano de monitoramento da glicemia deve ser personalizado de acordo com suas necessidades específicas, estilo de vida e metas de tratamento, discutidas com sua equipe de saúde. Como um técnico que ajusta a estratégia para cada jogador, seu médico pode ajudar a determinar os melhores momentos para você medir a glicemia, garantindo que o controle do diabetes seja tão eficaz quanto possível.

Como medir minha glicemia sem ficar me furando?

Medir a glicemia sem precisar se furar tem sido um grande avanço no monitoramento do diabetes, trazendo mais conforto e praticidade para o dia a dia de quem vive com essa condição. A tecnologia mais conhecida para essa finalidade é o sistema de monitoramento contínuo da glicose (MCG), que é como ter um assistente pessoal que verifica seus níveis de açúcar no sangue 24 horas por dia, sem a necessidade de picadas frequentes no dedo.

Os sistemas de MCG utilizam um pequeno sensor colocado sob a pele, geralmente na parte superior do braço ou no abdômen. Honestamente, não é exatamente sem se furar: você vai precisar se furar para colocar o sensor, porém depois disso ele vai funcionar durante dias sem precisar se furar novamente. Esse sensor mede os níveis de glicose no líquido intersticial (um fluido que envolve as células do corpo) e envia essas informações para um monitor ou smartphone. Você pode obter leituras da glicose quase em tempo real, simplesmente passando o leitor ou o smartphone sobre o sensor, sem a necessidade de coletar uma amostra de sangue. É como ter um termômetro que dá a temperatura sem precisar tocá-lo, apenas aproximando-se dele.

Além da conveniência de não precisar se furar, o MCG oferece a vantagem de fornecer tendências e padrões dos níveis de glicose, ajudando a identificar períodos do dia em que a glicose pode estar mais alta ou mais baixa. Essas informações são valiosas para ajustar a dieta, a atividade física e a medicação, visando um controle mais efetivo do diabetes.

Embora a tecnologia de MCG represente um avanço significativo no manejo do diabetes, é importante discutir essa opção com sua equipe de saúde para entender se ela é adequada para o seu caso específico, como integrá-la ao seu plano de tratamento e como acessá-la. Em alguns países, incluindo o Brasil, sistemas de MCG estão disponíveis tanto no sistema de saúde privado quanto no público, por meio de programas específicos ou coberturas especiais. Infelizmente, ainda é pouco acessível para a maioria dos pacientes nos dois cenários.

Assim como qualquer ferramenta de gestão do diabetes, o uso do MCG deve ser acompanhado por orientação adequada de profissionais de saúde para garantir que você obtenha o máximo benefício dessa tecnologia, ajustando-a às suas necessidades individuais e estilo de vida. Com a orientação correta, medir sua glicemia sem ficar se furando pode tornar o gerenciamento do diabetes uma tarefa mais fácil e menos dolorosa, permitindo que você se concentre mais em viver bem.

Como o estresse afeta o diabetes?

O estresse afeta o diabetes de maneira semelhante a como uma tempestade inesperada pode afetar um dia tranquilo ao ar livre. De repente, o que era previsível e controlável torna-se turbulento e desafiador. No corpo, o estresse desencadeia uma série de reações químicas que podem complicar o manejo do diabetes, elevando os níveis de açúcar no sangue e tornando mais difícil mantê-los dentro da faixa desejada.

Quando você está estressado, seu corpo entra em modo de "luta ou fuga", uma reação instintiva que tem suas raízes nas necessidades de sobrevivência dos nossos ancestrais. Essa reação faz com que o corpo libere hormônios do estresse, como cortisol e adrenalina, que preparam o corpo para enfrentar uma ameaça. Entre outras coisas, esses hormônios fazem com que o fígado libere mais glicose (açúcar) na corrente sanguínea para fornecer energia extra aos músculos, preparando você para uma ação rápida. Em uma pessoa sem diabetes, o corpo pode ajustar facilmente os níveis de insulina para lidar com essa glicose extra. No entanto, em alguém com diabetes, esse mecanismo pode não funcionar tão bem, resultando em níveis elevados de açúcar no sangue.

Além disso, o estresse pode afetar seu comportamento e suas escolhas. Você pode achar mais difícil seguir sua dieta recomendada, praticar exercícios ou lembrar de tomar seus medicamentos. Tudo isso pode contribuir para o descontrole da glicemia.

A boa notícia é que existem maneiras eficazes de gerenciar o estresse, o que pode ajudar a minimizar seu impacto no diabetes. Técnicas de relaxamento, como respiração profunda, meditação, yoga ou tai chi, podem ser muito úteis. Atividades físicas regulares não apenas ajudam no controle do diabetes, mas também são excelentes para aliviar o estresse. Além disso, manter um bom suporte social, seja através de amigos, familiares ou grupos de apoio, pode proporcionar um outlet emocional valioso.

Assim como um guarda-chuva ou um abrigo podem oferecer proteção durante uma tempestade inesperada, aprender e utilizar estratégias de manejo do estresse pode ajudar a proteger seu bem-estar físico e emocional, contribuindo para um controle mais efetivo do diabetes. Conversar com sua equipe de saúde sobre suas preocupações com o estresse também pode abrir caminho para apoio adicional e estratégias personalizadas para lidar com esses desafios.

Como a atividade física influencia o controle do diabetes?

A atividade física influencia o controle do diabetes de maneira tão positiva quanto a chuva nutre um jardim sedento. Assim como a água ajuda as plantas a crescerem fortes e saudáveis, o exercício físico desempenha um papel crucial em manter seu corpo funcionando de maneira otimizada, especialmente quando se trata de gerenciar o diabetes. Imagine cada sessão de exercícios como uma chuva refrescante que traz vida nova ao solo, ajudando a controlar o nível de açúcar no sangue, a melhorar a circulação e a fortalecer o coração e outros músculos.

Quando você se exercita, seus músculos trabalham mais duro do que o normal e, para isso, precisam de energia. A glicose é uma das principais fontes dessa energia. Durante a atividade física, seus músculos usam a glicose mais eficientemente, ou seja, eles a retiram do sangue para usá-la como combustível. Isso pode ajudar a reduzir os níveis de açúcar no sangue durante e até mesmo horas após o exercício, funcionando como um regulador natural da glicemia.

Além disso, a prática regular de atividades físicas pode aumentar a sensibilidade do corpo à insulina, o que significa que seu corpo pode usar o hormônio de maneira mais eficaz para controlar o açúcar no sangue. Para pessoas com diabetes tipo 2, isso é especialmente benéfico, pois muitas enfrentam resistência à insulina, um dos principais desafios dessa condição.

O exercício também traz benefícios a longo prazo, incluindo a melhora da saúde cardiovascular, a redução do risco de complicações relacionadas ao diabetes, como doenças cardíacas e derrames, e o auxílio na manutenção de um peso corporal saudável. Além dos benefícios físicos, a atividade física também pode ser uma grande aliada da saúde mental, reduzindo o estresse, melhorando o humor e aumentando a autoestima.

No entanto, é importante lembrar que o tipo e a intensidade da atividade física devem ser adaptados às suas condições individuais, especialmente se você tem diabetes. Conversar com sua equipe de saúde antes de iniciar qualquer novo programa de exercícios pode ajudar a garantir que suas escolhas de atividade sejam seguras e eficazes. Eles podem recomendar as melhores práticas baseadas em suas necessidades específicas, condição física e metas de controle do diabetes. Geralmente, para pessoas saudáveis, é recomendado pelo menos 150 minutos de atividade física moderada por semana, divididos entre alguns dias.

Assim como um jardim precisa de cuidados constantes para florescer, a incorporação regular da atividade física na sua rotina é fundamental para cultivar uma vida saudável com diabetes. Com cada passo, pedalada ou alongamento, você estará regando seu jardim interno, trazendo mais saúde e vitalidade para o seu dia a dia.

Como gerenciar o diabetes durante viagens?

Gerenciar o diabetes durante viagens é como preparar-se para uma grande aventura, onde planejamento e preparação são seus melhores companheiros de viagem. Assim como você não embarcaria em uma jornada sem um mapa ou uma bússola, viajar com diabetes requer um planejamento cuidadoso para garantir que você possa desfrutar da viagem com segurança e tranquilidade.

Primeiro, faça uma lista de tudo o que você precisa para gerenciar seu diabetes diariamente - isso inclui medicamentos, insulina (se aplicável), agulhas, tiras de teste, glicosímetro, lancetas, dispositivo de punção e um estoque extra de todos esses itens. Lembre-se, é sempre melhor ter mais do que menos, especialmente quando estiver em um lugar onde esses suprimentos podem não estar facilmente disponíveis.

Antes de partir, consulte seu médico ou equipe de saúde para discutir seu plano de viagem e verificar se você precisa de ajustes em sua medicação ou rotina de gerenciamento do diabetes devido às mudanças de fuso horário, atividade física prevista e diferenças na dieta. Eles também podem fornecer uma carta explicando sua condição e a necessidade de carregar suprimentos médicos, o que pode ser útil em aeroportos e em outros pontos de controle de segurança.

Carregue sempre consigo um kit de emergência para hipoglicemia, incluindo formas de açúcar de ação rápida, como suco de fruta, balas de glicose ou gel de glicose. Mantenha seus suprimentos de diabetes facilmente acessíveis, especialmente se estiver viajando de avião, onde a bagagem despachada pode ser perdida ou atrasada. Imagina que desespero ter que aplicar insulina e ela estar no porão do avião! A insulina e outros medicamentos para o diabetes têm que andar com você, o tempo todo, bem acondicionados, sem pegar calor ou umidade.

Mantenha-se hidratado e faça refeições regulares, mesmo em movimento. Isso pode exigir um pouco de pesquisa antecipada para encontrar opções de alimentação adequadas no seu destino. Se estiver viajando para um lugar com um fuso horário significativamente diferente, planeje com antecedência como você vai ajustar o horário da medicação para evitar hipoglicemia ou hiperglicemia.

Monitore sua glicemia mais frequentemente, se possível. As mudanças na rotina, atividade física e alimentação durante as viagens podem afetar seus níveis de açúcar no sangue de maneiras imprevisíveis. Manter um registro de suas leituras pode ajudá-lo a identificar padrões e fazer ajustes conforme necessário.

Por fim, saiba onde encontrar assistência médica no seu destino, caso precise. Ter um seguro de viagem que cubra condições pré-existentes, como o diabetes, pode oferecer paz de espírito adicional. Com um bom planejamento e preparação, o diabetes não precisa ser um obstáculo para explorar novos lugares e criar memórias inesquecíveis. Assim como em qualquer grande aventura, a chave é estar preparado para o que está por vir, permitindo que você desfrute de cada momento da sua viagem com confiança e segurança.

Como o álcool e o tabaco afetam o controle do diabetes?

O consumo de álcool e o uso de tabaco podem complicar significativamente o controle do diabetes, como dois obstáculos inesperados em uma trilha que já tem seus desafios. Entender como cada um afeta o diabetes é crucial para navegar por essa jornada com saúde e segurança.

Quando você consome álcool, ele pode afetar os níveis de açúcar no sangue de maneiras complexas. Por um lado, algumas bebidas alcoólicas, especialmente aquelas ricas em açúcares e carboidratos, podem elevar rapidamente os níveis de glicose no sangue. Por outro, o álcool também pode interferir na produção de glicose pelo fígado e aumentar o risco de hipoglicemia, especialmente se você estiver usando insulina ou medicamentos que estimulam a produção de insulina pelo pâncreas. Essa hipoglicemia pode ocorrer várias horas após beber, quando você menos espera, como uma tempestade que chega de repente em um dia que parecia claro.

O uso de tabaco, por sua vez, é como um terreno instável que enfraquece as fundações do seu controle do diabetes. Fumar aumenta a resistência à insulina, o que significa que seu corpo precisa de mais insulina para processar a glicose corretamente. Isso torna mais difícil gerenciar seus níveis de açúcar no sangue e aumenta o risco de complicações do diabetes, como doenças cardíacas, problemas de circulação e danos aos nervos. Além disso, os produtos químicos no tabaco podem ter efeitos prejudiciais em todo o seu corpo, comprometendo ainda mais sua saúde geral.

O uso de cigarros eletrônicos, recentemente muito popular e muitas vezes visto como uma alternativa "menos prejudicial" ao tabaco tradicional, também merece atenção no contexto do diabetes. Embora possa parecer um caminho menos pedregoso na trilha, não é isento de riscos. Os cigarros eletrônicos, ou vapes, liberam nicotina e outras substâncias químicas que podem afetar o corpo de maneiras semelhantes ao tabaco convencional. A nicotina é conhecida por aumentar a resistência à insulina, o que pode complicar ainda mais o controle da glicemia e aumentar o risco de complicações associadas ao diabetes. Além disso, há evidências emergentes sugerindo que os vários aditivos e aromatizantes presentes nos líquidos para vaporização podem ter efeitos adversos próprios, embora a extensão completa desses impactos ainda esteja sendo estudada. Portanto, enquanto navega pela gestão do diabetes, é prudente considerar os cigarros eletrônicos não como uma rota segura, com potenciais perigos que podem afetar sua jornada para um controle eficaz do diabetes.

Para quem vive com diabetes, o ideal é evitar ou limitar o consumo de álcool e cessar o uso de tabaco. Se você decide consumir álcool, é importante fazê-lo com moderação e sempre com alimentação, para ajudar a estabilizar os níveis de glicose. Além disso, é crucial monitorar sua glicemia mais de perto para detectar e tratar qualquer alteração causada pelo álcool.

Deixar de fumar é um dos passos mais importantes que você pode tomar para melhorar seu controle do diabetes e sua saúde geral. Existem muitos recursos e programas de apoio disponíveis para ajudar a parar de fumar, incluindo medicamentos, terapias de substituição de nicotina e suporte comportamental. Navegar pelo controle do diabetes é um desafio por si só, e o consumo de álcool e o uso de tabaco podem adicionar camadas extras de complexidade. Conversar abertamente com sua equipe de saúde sobre o consumo de álcool e o uso de tabaco pode abrir o caminho para estratégias de controle mais eficazes e um plano de cuidados que considere todas as facetas da sua vida.

Existem aplicativos recomendados para ajudar no controle do diabetes?

Sim, no mundo conectado de hoje, uma variedade de aplicativos e ferramentas tecnológicas estão disponíveis para ajudar no controle do diabetes, funcionando como verdadeiros assistentes digitais nessa jornada. Essas ferramentas tecnológicas são projetadas para simplificar o monitoramento da doença, oferecendo recursos que vão desde o registro de níveis de glicose no sangue, contagem de carboidratos e acompanhamento de atividades físicas até lembretes para tomar medicamentos.

Imagine ter um diário digital de saúde que cabe na palma da sua mão, onde você pode registrar facilmente suas medições de glicemia, o que comeu, quanto se exercitou e como está se sentindo. Alguns desses aplicativos permitem que você veja gráficos e tendências ao longo do tempo, ajudando a identificar padrões ou gatilhos que podem afetar seus níveis de açúcar no sangue. Isso pode ser incrivelmente útil para ajustar sua dieta, atividade física e até mesmo para discussões com sua equipe de saúde sobre mudanças no seu plano de tratamento.

Além do registro e análise de dados, muitos aplicativos oferecem bases de dados extensas com informações nutricionais de alimentos, facilitando a contagem de carboidratos e a tomada de decisões alimentares informadas. Outros ainda integram lembretes para ajudar você a não esquecer de tomar sua medicação ou verificar sua glicose, atuando como um companheiro constante que zela pela sua saúde.

Para aqueles que utilizam dispositivos de monitoramento contínuo da glicose (MCG) ou bombas de insulina, existem aplicativos específicos que podem sincronizar com esses dispositivos, oferecendo uma visão em tempo real dos seus níveis de glicose e permitindo um controle mais fino do diabetes.

Ao escolher aplicativos ou ferramentas tecnológicas para auxiliar no controle do diabetes, é importante considerar a facilidade de uso, a compatibilidade com seus dispositivos pessoais e a confiabilidade das informações fornecidas. Além disso, discutir essas ferramentas com sua equipe de saúde pode proporcionar descobertas valiosas e recomendações baseadas em suas necessidades específicas e objetivos de tratamento.

Essas ferramentas digitais representam um complemento ao cuidado tradicional, não um substituto. Elas oferecem uma maneira conveniente e eficaz de manter o controle do diabetes ao alcance dos dedos, potencializando o empoderamento pessoal e a participação ativa no manejo da própria saúde.

O que é o fenômeno do alvorecer?

O fenômeno do alvorecer é um padrão interessante que ocorre no metabolismo de algumas pessoas com diabetes, agindo como uma cortina que se abre no palco ao nascer do sol, revelando uma mudança inesperada no cenário. Esse fenômeno refere-se ao aumento natural dos níveis de açúcar no sangue nas primeiras horas da manhã, mesmo antes do café da manhã. É como se o corpo, antecipando o início de um novo dia, decidisse dar um impulso de energia, preparando você para as atividades que virão, mas sem considerar que, no caso do diabetes, essa ajuda extra pode não ser necessária ou mesmo ser problemática.

Esse aumento matinal na glicose sanguínea ocorre como resultado de uma série de processos hormonais naturais que acontecem no corpo durante as primeiras horas após acordar. Hormônios como o cortisol e o glucagon, que ajudam a aumentar os níveis de glicose no sangue, e o hormônio de crescimento, são liberados em quantidades maiores nesse período. Para a maioria das pessoas, esse aumento é contrabalanceado pela produção de insulina, garantindo que os níveis de açúcar no sangue permaneçam estáveis. No entanto, para alguém com diabetes, especialmente aqueles cuja produção de insulina é insuficiente ou inexistente, esse mecanismo natural pode levar a um aumento significativo da glicose no sangue ao acordar.

Gerenciar o fenômeno do alvorecer pode ser um desafio, pois requer um ajuste fino do tratamento do diabetes para equilibrar essa tendência natural do corpo de elevar a glicose no sangue nas primeiras horas da manhã. Isso pode incluir ajustar a dose de medicação noturna ou insulina, avaliar a ingestão de carboidratos à noite ou, em alguns casos, considerar o uso de um monitor contínuo de glicose que possa alertar para as mudanças nos níveis de glicose durante a noite.

Como cada indivíduo responde de maneira única, é fundamental trabalhar em estreita colaboração com a equipe de saúde para desenvolver um plano que considere suas necessidades específicas e padrões de glicemia. Monitorar cuidadosamente os níveis de açúcar no sangue e manter uma comunicação aberta com os profissionais de saúde pode ajudar a gerenciar esse fenômeno e manter o controle do diabetes, garantindo que o despertar para um novo dia seja tão tranquilo e saudável quanto possível.

O que é a lua de mel no diabetes?

A "lua de mel" no diabetes é um termo usado para descrever um período temporário após o diagnóstico de diabetes tipo 1, durante o qual os níveis de glicose no sangue parecem melhorar e se estabilizar, levando a uma necessidade reduzida de insulina externa. Imagine como se, após uma tempestade repentina que abalou um tranquilo dia de verão, surgisse um período de calmaria surpreendente, onde tudo parece voltar ao normal, mesmo que por um curto espaço de tempo.

Essa fase ocorre porque, mesmo após o diagnóstico, as células beta pancreáticas remanescentes no pâncreas ainda conseguem produzir uma certa quantidade de insulina. Aprendemos sobre essas células lá na pergunta sobre o que é o diabetes. A introdução de insulina externa e as mudanças no estilo de vida, como ajustes na dieta e no nível de atividade física, podem reduzir temporariamente a demanda sobre essas células beta, permitindo-lhes funcionar mais eficazmente. Como resultado, o controle da glicose no sangue melhora, e a pessoa pode precisar de doses menores de insulina do que aquelas inicialmente calculadas no momento do diagnóstico.

No entanto, é importante entender que a lua de mel é apenas temporária. Com o tempo, a capacidade das células beta de produzir insulina geralmente continua a declinar, levando a um aumento gradual na necessidade de insulina externa para manter os níveis de glicose no sangue dentro de uma faixa saudável. A duração dessa fase pode variar de algumas semanas a até um ano ou mais, mas eventualmente, a maioria das pessoas com diabetes tipo 1 precisará ajustar seu regime de insulina para compensar a diminuição da produção de insulina pelo próprio corpo.

Durante a lua de mel, é crucial continuar monitorando os níveis de glicose no sangue de perto e trabalhar com a equipe de saúde para ajustar a dosagem de insulina conforme necessário. Essa fase oferece uma janela de oportunidade para aprender mais sobre o gerenciamento do diabetes, experimentar com a dieta e a atividade física, e entender como diferentes fatores afetam os níveis de glicose no sangue, preparando-se para o manejo a longo prazo da condição.

Apesar de seu nome encantador, a lua de mel no diabetes é um lembrete da natureza progressiva do diabetes tipo 1. Encarar esse período com atenção e cuidado ajuda a estabelecer as bases para um controle eficaz do diabetes no futuro, garantindo que, mesmo quando a lua de mel chegar ao fim, você esteja bem preparado para continuar a jornada com confiança e conhecimento.

Capítulo 7: Alimentação e o Diabetes

Por que controlar o peso no diabetes é tão importante?

Controlar o peso no contexto do diabetes é como manter o equilíbrio certo em uma balança delicada. Esse equilíbrio é crucial porque o peso tem uma influência direta na forma como o corpo usa a glicose e responde à insulina, o hormônio que regula os níveis de açúcar no sangue. Imagine que cada quilo extra é como colocar um esforço extra para chegar nesse controle, desafiando o equilíbrio e tornando mais difícil para o corpo manter os níveis de açúcar no sangue em um intervalo saudável.

Para pessoas com diabetes tipo 2, a questão do peso é particularmente importante, pois a maioria dos casos está ligada à resistência à insulina, que é a condição em que o corpo não usa a insulina de forma eficaz. O excesso de peso, especialmente quando a gordura se acumula ao redor da cintura, pode aumentar a resistência à insulina, exigindo que o pâncreas trabalhe mais para produzir insulina extra na tentativa de manter os níveis de açúcar no sangue sob controle. Manter um peso saudável, portanto, pode ajudar a diminuir a resistência à insulina e a necessidade de medicamentos adicionais para controlar o diabetes.

Além disso, o controle do peso ajuda a prevenir ou gerenciar várias complicações associadas ao diabetes, como doenças cardíacas, pressão alta, colesterol alto e apneia do sono. Cada quilo perdido é como remover um pequeno fardo dessa balança, ajudando a melhorar esses fatores de risco e promovendo uma saúde cardiovascular mais robusta.

Perder peso pode parecer uma tarefa desafiadora, mas mesmo uma modesta redução de 5% a 10% do peso corporal inicial pode ter efeitos significativos na melhora do controle da glicose, na redução dos fatores de risco cardiovascular e na melhoria do bem-estar geral. Isso não significa que você precisa seguir dietas extremas ou exercícios exaustivos; pequenas mudanças sustentáveis no estilo de vida, como uma alimentação equilibrada e a inclusão de atividade física regular, podem fazer uma grande diferença.

É importante abordar o controle do peso como parte de um plano de cuidados abrangente para o diabetes, trabalhando em estreita colaboração com sua equipe de saúde para estabelecer metas realistas e estratégias de suporte. Lembre-se, o objetivo não é apenas atingir um número ideal na balança, mas encontrar um equilíbrio que promova o melhor controle do diabetes e uma vida saudável e satisfatória.

Existem alimentos proibidos para o paciente com diabetes?

A abordagem nutricional para o diabetes evoluiu significativamente ao longo dos anos, afastando-se da ideia de uma lista estrita de alimentos "proibidos" para adotar uma visão mais flexível e personalizada. Em vez de pensar em termos de proibições, é mais útil considerar como diferentes alimentos afetam os níveis de glicose no sangue e integrar essas informações em um plano alimentar equilibrado e saudável. Sendo assim, sua alimentação pode incluir uma ampla gama de alimentos, desde que consumidos de maneira consciente e equilibrada. O foco está em entender como certos alimentos influenciam os níveis de açúcar no sangue e como eles se encaixam no seu plano geral de gerenciamento do diabetes.

Alimentos ricos em carboidratos têm o maior impacto nos níveis de glicose no sangue. No entanto, em vez de eliminá-los completamente, a chave é escolher carboidratos saudáveis, como grãos integrais, frutas, vegetais e legumes, e estar atento ao tamanho das porções. A contagem de carboidratos pode ser uma ferramenta valiosa aqui, ajudando a equilibrar a ingestão de carboidratos com as necessidades de medicação e atividade física.

A inclusão de alimentos ricos em fibras também é encorajada, pois as fibras ajudam a desacelerar a absorção de açúcar pelo intestino e podem melhorar o controle glicêmico. Por outro lado, alimentos ricos em gorduras saturadas, gorduras trans e açúcares simples devem ser consumidos com moderação, não porque sejam estritamente "proibidos", mas porque podem contribuir para o ganho de peso e complicações relacionadas ao diabetes a longo prazo.

É essencial manter uma hidratação adequada, preferindo água ou bebidas sem açúcar a bebidas açucaradas, que podem elevar rapidamente a glicose no sangue. Bebidas alcoólicas também devem ser consumidas com cautela, considerando seu potencial para afetar os níveis de glicose.

Em última análise, não existem alimentos absolutamente proibidos, mas sim escolhas alimentares que devem ser feitas com base na compreensão de como elas afetam sua saúde e objetivos de controle do diabetes. Trabalhar com um nutricionista ou um profissional de saúde especializado em diabetes pode fornecer orientações personalizadas para criar um plano alimentar que seja nutritivo, satisfatório e sustentável, permitindo que você desfrute de uma variedade de alimentos enquanto gerencia efetivamente o diabetes.

A dieta é capaz de controlar o diabetes sozinha?

A dieta desempenha um papel fundamental no controle do diabetes, funcionando como um dos pilares essenciais no manejo dessa condição. No entanto, considerá-la como uma solução isolada para controlar o diabetes é como tentar navegar um barco usando apenas um remo; embora importante, é apenas uma parte de um conjunto mais amplo de estratégias necessárias para uma navegação eficaz.

Para pessoas com diabetes tipo 2, especialmente na fase inicial após o diagnóstico, mudanças significativas na dieta, acompanhadas de perda de peso e aumento da atividade física, podem ter um impacto profundo no controle dos níveis de glicose no sangue. Em alguns casos, essas mudanças de estilo de vida podem ser suficientes para manter a glicemia em níveis saudáveis sem a necessidade de medicação, pelo menos temporariamente. É o que chamamos de diabetes tipo 2 em remissão.

No entanto, o diabetes é uma doença complexa e progressiva, e o que funciona para uma pessoa pode não ser eficaz para outra. Além disso, com o tempo, muitas pessoas com diabetes tipo 2 podem precisar de medicamentos, incluindo insulina, para manter os níveis de glicose no sangue dentro da faixa desejada. Isso não significa que a dieta deixou de ser importante, mas sim que ela deve ser complementada com outras abordagens para um controle eficaz.

Para o diabetes tipo 1, a insulina é uma necessidade absoluta, pois o corpo não produz insulina suficiente (ou nenhuma) por conta própria. Nesse caso, a dieta é crucial para ajudar a balancear a insulina administrada e a ingestão de carboidratos, mas não pode substituir a necessidade de insulina. Além da dieta e da medicação, outros fatores, como atividade física regular, controle do estresse e acompanhamento médico regular, são componentes vitais do manejo do diabetes. Juntos, esses elementos formam um conjunto coeso de remos, trabalhando em harmonia para guiar o barco de maneira eficaz.

Em resumo, embora a dieta seja um componente poderoso no controle do diabetes, ela raramente é suficiente por si só. Uma abordagem integrada, adaptada às necessidades individuais e mudanças ao longo do tempo, oferece a melhor chance de sucesso no manejo do diabetes e na manutenção de uma vida saudável e ativa.

O que é considerado carboidrato?

Carboidratos são como os tijolos fundamentais da nossa alimentação, fornecendo a energia que o corpo precisa para funcionar. Eles estão presentes em uma grande variedade de alimentos, dividindo-se em três categorias principais: açúcares, amidos e fibras. Imagine que em uma cidade, os carboidratos seriam as diversas formas de energia disponíveis para manter tudo em movimento - desde os carros nas ruas até as luzes nas casas.

Os açúcares são os carboidratos mais simples, como a glicose, frutose (encontrada nas frutas) e sacarose (o açúcar de mesa comum). Eles são como a energia rápida, disponível imediatamente para o corpo usar. Você encontra açúcares naturalmente em alimentos como frutas e leite, mas eles também são adicionados a muitos produtos processados, oferecendo um rápido aumento de energia.

Já os amidos são carboidratos que chamamos de complexos, compostos por muitas moléculas de açúcar ligadas entre si. É como um colar de pérolas de açúcares simples. Eles são como uma energia de liberação mais lenta, que o corpo quebra em açúcares simples (quebra o colar de pérolas) para usar ao longo do tempo. Os amidos são encontrados em alimentos como pães, cereais, massas, arroz e batatas.

As famosas fibras também são carboidratos complexos, mas com uma diferença crucial: o corpo humano não consegue quebrá-las completamente para usar como energia. Em vez disso, as fibras passam pelo sistema digestivo, ajudando na digestão e contribuindo para a saúde do trato intestinal. Alimentos ricos em fibras incluem vegetais, frutas, grãos integrais e legumes.

No Brasil, a dieta cotidiana é rica em uma variedade de carboidratos que desempenham um papel central na alimentação das pessoas. Entre os principais carboidratos consumidos, destaca-se o arroz, um acompanhamento onipresente nas mesas brasileiras, frequentemente servido ao lado do feijão, outra fonte significativa de carboidratos e fibras. A mandioca (ou aipim), na forma de farinha ou como raiz cozida, é outro carboidrato essencial, especialmente valorizada na culinária regional. O milho também aparece em diversas formas, desde a canjica e pamonha até a farinha de milho usada em receitas como o angu e a polenta. O pão, especialmente o pão francês, é um item básico no café da manhã e no lanche da tarde de muitos brasileiros. Além disso, as frutas, como bananas, mangas e uvas, fornecem açúcares naturais e são consumidas regularmente como sobremesas ou lanches. Esses carboidratos são acompanhados por uma variedade de outros alimentos ricos em nutrientes, formando a base da diversificada e rica culinária do Brasil.

No contexto do diabetes, entender os diferentes tipos de carboidratos é crucial. Isso porque o corpo transforma quase todos os carboidratos em glicose, que é o açúcar no sangue que precisa ser gerenciado cuidadosamente. Aprender a equilibrar a ingestão de carboidratos, escolhendo mais fontes integrais e ricas em fibras e limitando os açúcares simples, pode ajudar a manter os níveis de glicose no sangue mais estáveis.

Portanto, ao pensar em carboidratos, é útil considerá-los não apenas como uma fonte de energia, mas como componentes variados de uma dieta balanceada que podem afetar a saúde de maneiras diferentes. Escolhas inteligentes de carboidratos, juntamente com um plano de alimentação bem elaborado, são fundamentais para o manejo eficaz do diabetes e para a manutenção de uma boa saúde geral.

Tenho que parar de comer carboidratos?

Não é necessário parar completamente de comer carboidratos se você tem diabetes. Na verdade, os carboidratos são uma parte importante de uma dieta saudável e equilibrada, fornecendo energia essencial para o corpo. A chave está em escolher os tipos certos de carboidratos e gerenciar a quantidade que você consome.

Pense nos carboidratos como diferentes tipos de combustível para um carro. Assim como alguns combustíveis são mais eficientes e limpos para o motor, alguns carboidratos são melhores para o seu corpo, especialmente quando se trata de gerenciar o diabetes.

Carboidratos complexos, encontrados em alimentos integrais como grãos integrais, legumes, vegetais e algumas frutas, são digeridos mais lentamente e têm um impacto mais suave nos níveis de açúcar no sangue. Eles são como um combustível de liberação lenta, fornecendo energia estável.

Por outro lado, carboidratos simples, especialmente aqueles encontrados em alimentos processados e açúcares refinados, são rapidamente convertidos em glicose, causando picos nos níveis de açúcar no sangue. Estes são como um combustível que queima rapidamente, oferecendo um impulso de energia de curta duração, mas podendo levar a problemas de longo prazo no controle do diabetes.

Portanto, em vez de eliminar os carboidratos da sua dieta, o foco deve estar em escolher carboidratos de alta qualidade, controlar as porções e distribuir a ingestão de carboidratos de maneira uniforme ao longo do dia. Isso pode ajudar a manter os níveis de glicose no sangue dentro de uma faixa saudável.

Além disso, é importante combinar carboidratos com boas fontes de proteínas e gorduras saudáveis para ajudar a equilibrar as refeições e promover uma sensação mais prolongada de saciedade, o que pode ajudar a evitar picos de glicose no sangue.

Lembre-se, cada pessoa com diabetes é única, e o que funciona para uma pessoa pode não funcionar para outra. É crucial trabalhar com um nutricionista para criar um plano alimentar personalizado que atenda às suas necessidades específicas de saúde, preferências alimentares e estilo de vida.

O que é considerado proteína?

Digamos que se os carboidratos são o combustível de um carro, as proteínas são basicamente o próprio carro. Elas são moléculas grandes compostas por cadeias de aminoácidos, que são os blocos de construção básicos das proteínas. Existem 20 tipos diferentes de aminoácidos que podem se combinar de várias maneiras para formar proteínas, cada uma com uma função específica no corpo. As proteínas desempenham um papel crucial em praticamente todos os processos biológicos, incluindo a reparação e construção de tecidos, a produção de enzimas e hormônios, a função imunológica e o transporte de moléculas no sangue.

As proteínas podem ser encontradas em uma ampla variedade de alimentos, tanto de origem animal quanto vegetal. As fontes animais de proteína incluem carne, peixe, aves, ovos e produtos lácteos, que fornecem proteínas completas, o que significa que contêm todos os aminoácidos essenciais que o corpo não pode produzir por si só. As fontes vegetais de proteína, como leguminosas (feijões, lentilhas, grão-de-bico), nozes, sementes, grãos integrais e alguns vegetais, em muitos casos, precisam ser combinadas ao longo do dia para fornecer todos os aminoácidos essenciais, embora existam exceções, como a quinoa e a soja, que são consideradas proteínas completas.

No contexto de uma dieta equilibrada, as proteínas desempenham um papel vital na manutenção da saúde e são particularmente importantes para pessoas com demandas físicas elevadas, como atletas, bem como em períodos de crescimento, recuperação de doenças ou lesões e no envelhecimento. Além de seu papel estrutural, as proteínas também podem servir como uma fonte de energia, especialmente quando a ingestão de carboidratos é limitada.

Para uma gestão eficaz do diabetes, incluir proteínas saudáveis nas refeições pode ajudar a promover a saciedade, auxiliando no controle do peso e no gerenciamento dos níveis de glicose no sangue, já que a digestão das proteínas tem um impacto mínimo nos níveis de açúcar no sangue, em comparação com os carboidratos. A escolha de fontes magras de proteína e a combinação de proteínas vegetais e animais podem contribuir para uma dieta diversificada e nutritiva, apoiando a saúde geral e o bem-estar.

Tenho que comer muita proteína?

A quantidade de proteína que uma pessoa precisa varia de acordo com vários fatores, incluindo idade, sexo, peso, nível de atividade física e condições de saúde, como o diabetes. Não é necessariamente uma questão de comer "muita" proteína, mas sim de consumir a quantidade adequada para as suas necessidades individuais e garantir que ela faça parte de uma dieta equilibrada e saudável.

Imagine que seu corpo é uma orquestra, onde cada nutriente desempenha um papel específico, como os diferentes instrumentos musicais. Assim como uma orquestra precisa do equilíbrio certo entre os instrumentos para criar uma harmonia perfeita, seu corpo precisa de um equilíbrio entre proteínas, carboidratos, gorduras, vitaminas e minerais para funcionar bem. Consumir proteína em excesso, em detrimento de outros nutrientes importantes, pode desequilibrar essa harmonia, assim como enfatizar demais uma seção da orquestra pode sobrecarregar a música.

Para pessoas com diabetes, é especialmente importante equilibrar a ingestão de proteínas com outros aspectos da gestão da doença, como o controle dos níveis de glicose no sangue. Embora as proteínas tenham um impacto menor nos níveis de açúcar no sangue em comparação com os carboidratos, elas ainda são uma parte vital de um plano alimentar saudável. As proteínas podem ajudar a manter a sensação de saciedade por mais tempo, o que pode ser útil para controlar o peso — um fator chave na gestão do diabetes.

Incluir uma variedade de fontes de proteína em sua dieta, tanto de origem animal quanto vegetal, pode ajudar a garantir que você obtenha todos os aminoácidos essenciais de que precisa, além de outros nutrientes importantes que esses alimentos fornecem. Assim, mais do que focar apenas na quantidade, o ideal é buscar a qualidade e a variedade na ingestão de proteínas, integrando-as de forma equilibrada ao seu plano alimentar com ajuda de um nutricionista.

Posso usar açúcar demerara ou açúcar light?

Quando se trata de diabetes e o consumo de açúcar, a chave está na moderação e na compreensão de como diferentes tipos de açúcar afetam seus níveis de glicose no sangue. O açúcar demerara e o açúcar light são frequentemente vistos como opções mais saudáveis em comparação ao açúcar refinado branco, mas é importante entender suas características e como eles se encaixam no gerenciamento do diabetes.

O açúcar demerara, ou até mesmo o mascavo, é menos processado do que o açúcar branco refinado, mantendo uma parte do melaço da cana-de-açúcar, o que lhe confere uma cor âmbar e um sabor levemente caramelizado. Embora possa ter um perfil de sabor ligeiramente diferente e conter pequenas quantidades de minerais, do ponto de vista nutricional e de impacto na glicose sanguínea, o açúcar demerara é bastante similar ao açúcar branco. Isso significa que ele ainda pode elevar os níveis de glicose no sangue e deve ser consumido com cautela por pessoas com diabetes. Sendo assim, não faz a menor diferença você trocar o açúcar branco pelo açúcar demerara ou mascavo.

Já o açúcar light é um produto que combina açúcar com adoçantes de baixa caloria, como o aspartame ou a sucralose, visando reduzir o teor calórico enquanto mantém o sabor doce. Embora o açúcar light possa ter menos impacto nos níveis de glicose no sangue em comparação ao açúcar comum, devido à redução do conteúdo de carboidratos, ele ainda contém açúcar e deve ser usado de maneira moderada.

Para pessoas com diabetes, a recomendação geral é limitar a ingestão de todos os tipos de açúcares adicionados (aqueles que você coloca nos alimentos), independentemente de serem refinados, demerara, light ou outros. Alternativas podem incluir o uso de adoçantes artificiais ou naturais de baixa caloria, que têm pouco ou nenhum efeito sobre os níveis de glicose no sangue. No entanto, é importante escolher adoçantes com base em preferências pessoais, considerações de saúde e aconselhamento de um profissional de saúde.

Incorporar alimentos naturais e minimamente processados, ricos em fibras, proteínas e gorduras saudáveis, pode ajudar a manter os níveis de glicose no sangue estáveis e contribuir para uma dieta equilibrada. Ao considerar o uso de qualquer tipo de açúcar, incluindo demerara ou light, é essencial monitorar a resposta do seu corpo e ajustar a ingestão conforme necessário, sempre com orientação profissional.

Posso consumir refrigerante zero?

Pessoas com diabetes podem consumir refrigerante zero ou outros produtos dietéticos que não contêm açúcar, como uma opção para satisfazer o desejo por algo doce sem aumentar os níveis de glicose no sangue. Os refrigerantes zero são adoçados com adoçantes artificiais ou naturais de baixa caloria, como aspartame, sucralose, stevia, entre outros, que oferecem o sabor doce sem os carboidratos e calorias presentes nos açúcares comuns.

No entanto, enquanto o consumo de refrigerante zero não afeta diretamente os níveis de açúcar no sangue, é importante considerá-lo como parte de uma dieta equilibrada e um estilo de vida saudável. Embora essas bebidas possam ser uma alternativa mais segura em termos de controle da glicemia, elas não oferecem valor nutricional e, em alguns casos, podem influenciar hábitos alimentares e preferências de sabor que não são benéficos a longo prazo.

Além disso, há debates e pesquisas em andamento sobre os possíveis efeitos dos adoçantes artificiais sobre a saúde, incluindo o apetite, preferências alimentares, e até a saúde intestinal. Portanto, enquanto os refrigerantes zero podem ser consumidos ocasionalmente sem aumentar os níveis de açúcar no sangue, é recomendável focar na hidratação com bebidas sem calorias e nutricionalmente benéficas, como água, água com gás, chás sem açúcar e café.

Para quem deseja uma bebida doce, bebidas adoçadas com adoçantes de baixa caloria podem ser uma opção, mas o ideal é consumi-las com moderação, como parte de um plano alimentar bem equilibrado, sempre priorizando a saúde geral e o bem-estar. Discutir suas opções de bebida com um nutricionista pode fornecer orientações personalizadas, garantindo que suas escolhas apoiem seus objetivos de gerenciamento do diabetes.

Existe algum alimento funcional para o diabetes?

Alimentos funcionais são aqueles que, além de nutrir, desempenham funções benéficas específicas no organismo, como melhorar a saúde geral, prevenir doenças ou otimizar o controle de condições existentes, como o diabetes. No manejo do diabetes, certos alimentos são considerados funcionais devido às suas propriedades que podem ajudar a regular os níveis de glicose no sangue, melhorar a sensibilidade à insulina ou contribuir para o controle do peso. Embora não existam "soluções mágicas" e o manejo do diabetes deva ser holístico e personalizado, incorporar esses alimentos à dieta pode ser benéfico.

As fibras solúveis, presentes em alimentos como aveia, leguminosas (feijões, lentilhas, grão-de-bico), maçãs, peras e vegetais crucíferos são importantes. As fibras solúveis ajudam a retardar a absorção de glicose no intestino, contribuindo para um aumento mais gradual dos níveis de açúcar no sangue após as refeições.

Gorduras saudáveis, mono e poli-insaturadas, encontradas em nozes, sementes, abacate e peixes gordos como salmão e sardinha, podem melhorar a saúde do coração e a sensibilidade à insulina, importantes no manejo do diabetes.

Chia e linhaça são ricas em fibras e ácidos graxos ômega-3, essas sementes podem ajudar no controle da glicemia e na saúde cardiovascular.

Folhas verdes e vegetais sem amido, como espinafre, couve, brócolis e outros vegetais de folhas verdes são ricos em nutrientes e fibras, com baixo impacto nos níveis de glicose no sangue.

Incluir esses alimentos no planejamento alimentar pode oferecer benefícios adicionais ao manejo do diabetes, mas é fundamental que sejam parte de uma abordagem alimentar balanceada e variada. Além disso, qualquer mudança significativa na dieta ou a introdução de novos alimentos funcionais deve ser discutida com um nutricionista para assegurar que sejam apropriados para suas necessidades individuais de saúde e que estejam alinhados com o seu plano de tratamento global para o diabetes.

Qual o papel da fibra no diabetes?

A fibra no contexto do diabetes pode ser comparada a uma esponja que desempenha várias funções cruciais na manutenção da saúde e no controle da doença. Assim como uma esponja absorve líquidos e pode ajudar a limpar derramamentos, prevenindo que se espalhem, as fibras alimentares no sistema digestivo absorvem água e ajudam a retardar a absorção de glicose pelo intestino. Isso resulta em um aumento mais lento e gradual dos níveis de açúcar no sangue após as refeições, em vez de um pico abrupto.

Existem dois tipos principais de fibra: solúvel e insolúvel. A fibra solúvel é a que mais se assemelha à esponja na analogia. Quando entra em contato com a água no sistema digestivo, ela se transforma em um gel. Esse gel ajuda a desacelerar o processo de digestão e a absorção de nutrientes, incluindo os açúcares, o que é particularmente benéfico para pessoas com diabetes. Além disso, esse gel formado pela fibra solúvel pode ajudar a reduzir os níveis de colesterol no sangue, ligando-se a ele e a outros compostos potencialmente prejudiciais para serem eliminados do corpo.

A fibra insolúvel, por outro lado, age mais como uma escova do que uma esponja, ajudando a mover o conteúdo através do sistema digestivo e promovendo a regularidade intestinal. Ela é vital para manter a saúde digestiva geral. Incluir uma boa quantidade de fibras na dieta, especialmente a fibra solúvel, pode ser uma estratégia eficaz no manejo do diabetes. Ela não apenas ajuda a controlar a glicemia, mas também contribui para uma sensação prolongada de saciedade após as refeições, o que pode ajudar na gestão do peso – outro aspecto importante no controle do diabetes.

Fontes ricas em fibra solúvel incluem aveia, leguminosas (como feijões, lentilhas e grão-de-bico), frutas (como maçãs, laranjas e peras), vegetais, sementes de chia e psyllium. Incorporar esses alimentos em sua dieta pode ajudar a aproveitar os benefícios da fibra na regulação da glicose no sangue, na saúde cardiovascular e na digestão.

Assim como uma esponja pode ser uma ferramenta simples, mas multifuncional na limpeza, a fibra desempenha múltiplas funções valiosas no controle do diabetes e na promoção da saúde geral. Consumir uma variedade de alimentos ricos em fibra é uma maneira eficaz de garantir que você esteja obtendo esses benefícios, contribuindo para um controle mais efetivo do diabetes.

É verdade que tenho que andar com um docinho no bolso?

Curiosamente, sim! Uma prática recomendada para pessoas com diabetes, especialmente para aquelas que usam insulina ou medicamentos que aumentam o risco de hipoglicemia (baixo nível de açúcar no sangue), andar com um "docinho" ou alguma forma de açúcar de ação rápida no bolso, bolsa ou mochila. Isso funciona como um kit de primeiros socorros portátil para situações de emergência hipoglicêmica, uma espécie de boia de salvação que pode ser lançada rapidamente para restaurar os níveis seguros de glicose no sangue.

A hipoglicemia pode ocorrer de repente e ser causada por vários fatores, como pular refeições, comer menos do que o habitual, aumentar a atividade física sem ajustar a medicação ou a ingestão de carboidratos, ou simplesmente um desbalanço na medicação. Os sintomas podem incluir tremores, suor frio, tontura, fadiga, fome, irritabilidade ou confusão, e é crucial tratá-los imediatamente para evitar complicações.

Ter algo doce de ação rápida — como pastilhas de glicose, balas duras, suco de frutas ou até um sachê de mel — permite um tratamento imediato da hipoglicemia, elevando rapidamente os níveis de açúcar no sangue para um intervalo seguro. Após consumir o açúcar de ação rápida, é recomendável fazer um pequeno lanche contendo carboidratos e proteínas, como um sanduíche ou um punhado de nozes, para estabilizar os níveis de glicose e prevenir outra queda.

Essa estratégia não substitui a importância de monitorar regularmente os níveis de glicose no sangue e seguir um plano de tratamento e alimentação equilibrada, mas é uma medida de segurança importante para responder rapidamente a situações de hipoglicemia. Como cada pessoa com diabetes é única, é essencial discutir com sua equipe de saúde a melhor abordagem para prevenir e tratar a hipoglicemia, incluindo o que carregar consigo para esses momentos.

Como faço para saber o quanto posso comer?

Para saber o quanto você pode comer de forma prática, especialmente se tem diabetes, a ideia do "prato ideal" é uma excelente estratégia. Essa abordagem simplifica o planejamento das refeições, ajudando a manter um equilíbrio nutricional que favorece o controle da glicemia, sem a necessidade de medições complexas ou contagem detalhada de carboidratos.

Visualize seu prato dividido em três partes: metade do prato deve ser preenchida com verduras e vegetais. Esses alimentos são ricos em fibras, vitaminas e minerais, mas baixos em calorias e carboidratos, o que ajuda a controlar os níveis de açúcar no sangue. Priorize vegetais não amiláceos, como folhas verdes, brócolis, couve-flor, pimentões e saladas variadas.

Um quarto do prato deve ser destinado aos carboidratos. Escolha fontes de carboidratos complexos e ricos em fibras, como grãos integrais (arroz integral, quinoa, aveia), batata doce e leguminosas. Esses alimentos têm um impacto mais suave e gradual nos níveis de glicose no sangue. Não tem problema escolher arroz, macarrão ou outro carboidrato que você goste, mas não ultrapasse a margem definida no prato. O último quarto do prato deve ser preenchido com proteínas magras. Opções saudáveis incluem peito de frango sem pele, peixes, cortes magros de carne, tofu ou leguminosas para quem prefere fontes vegetais de proteína. As proteínas são essenciais para a reparação e construção de tecidos e têm pouco ou nenhum impacto direto nos níveis de açúcar no sangue.

Complemente sua refeição com uma porção de fruta como sobremesa ou lanche e inclua uma fonte saudável de gorduras, como azeite de oliva, abacate ou nozes, em quantidades moderadas. Esses elementos adicionam variedade e fornecem os ácidos graxos essenciais necessários para a saúde geral. Simples assim, você consegue uma refeição bem balanceada. Para algo mais adaptado para seu caso clínico, você deve se consultar com um nutricionista que irá fazer cálculos para dizer exatamente o quanto você vai comer de cada alimento e qual horário.

Adotar o método do prato ideal é uma maneira prática de visualizar e montar suas refeições, promovendo uma alimentação equilibrada que suporta o manejo do diabetes. Essa abordagem facilita a decisão sobre o quanto comer, oferecendo uma regra simples de seguir, sem a necessidade de contar calorias ou carboidratos de forma meticulosa. Lembre-se, a individualização é chave, e ajustes podem ser necessários com base em suas necessidades específicas, atividades do dia e metas de controle do diabetes.

Lembrar que as necessidades individuais podem variar dependendo de fatores como idade, sexo, peso, nível de atividade física e metas de controle do diabetes. Portanto, é importante trabalhar de perto com sua equipe de saúde para ajustar suas porções e plano alimentar às suas necessidades específicas.

O que é contagem de carboidratos?

Imagine-se preparando um prato. Com a contagem de carboidratos, você aprende a dividir esse prato de forma que cada ingrediente contribua para o total de carboidratos de maneira conhecida. Você se torna capaz de ajustar suas refeições com a liberdade de incluir uma variedade de alimentos, desde que saiba como eles se encaixam no seu plano alimentar global.

Cada pessoa com diabetes pode ter uma quantidade específica de carboidratos recomendada para cada refeição, determinada com a ajuda de profissionais de saúde, como nutricionistas ou endocrinologistas. A contagem de carboidratos permite a flexibilidade na escolha dos alimentos e ajuda a entender como diferentes alimentos afetam os níveis de glicose no sangue.

Entender a contagem de carboidratos é essencial para quem vive com diabetes, pois permite um controle mais preciso da glicemia. Para isso, o manual de contagem de carboidratos da Sociedade Brasileira de Diabetes é uma ferramenta de ouro. Ele funciona como um guia detalhado, quase como um mapa, que orienta passo a passo como identificar e somar a quantidade de carboidratos em cada refeição.

Esse manual é como um curso intensivo que ensina não apenas a olhar os rótulos dos alimentos e entender o que eles dizem, mas também a estimar a quantidade de carboidratos em alimentos que não têm rótulos, como frutas e refeições caseiras. Isso é fundamental, pois cada grama de carboidrato ingerido tem um impacto direto nos níveis de açúcar no sangue, e saber equilibrar essa ingestão com a dose de insulina necessária (para quem faz uso dela) é a chave para manter a glicemia em cheque.

O manual não é apenas uma lista de "pode" ou "não pode" comer. Ele empodera, oferecendo a habilidade de fazer escolhas informadas. Isso significa que, em vez de evitar completamente certos alimentos por medo de descontrolar a glicemia, você aprende a incorporá-los de maneira que mantenha tudo balanceado.

Consultar um nutricionista ainda é crucial, pois ele pode personalizar as orientações do manual às suas necessidades únicas, levando em conta não apenas seus objetivos de glicemia, mas também suas preferências alimentares, estilo de vida e qualquer outra condição de saúde. Assim, a contagem de carboidratos deixa de ser apenas um conceito e se transforma em uma prática diária, possibilitando uma gestão mais eficaz do diabetes com mais liberdade e menos restrições.

Sal do Himalaia é melhor que o sal comum?

A discussão sobre o sal do Himalaia versus o sal comum muitas vezes gira em torno dos benefícios à saúde que o primeiro supostamente ofereceria em comparação ao segundo. O sal do Himalaia é conhecido por sua cor rosa característica, que vem de minerais e elementos traço presentes em sua composição. Por outro lado, o sal comum, ou sal de mesa, é frequentemente iodado (com iodo adicionado) e refinado, tendo um aspecto mais branco e uniforme.

Quando se fala em benefícios para a saúde, alguns defendem que o sal do Himalaia contém minerais adicionais que não estão presentes no sal comum, o que poderia trazer vantagens nutricionais. No entanto, é importante destacar que a quantidade desses minerais no sal do Himalaia é muito pequena e não suficiente para fazer uma diferença significativa na dieta. Em termos de controle do diabetes e saúde geral, o aspecto mais crítico do consumo de sal não é necessariamente o tipo de sal, mas sim a quantidade consumida.

O consumo excessivo de sal, independentemente do tipo, pode levar a um aumento da pressão arterial, o que é uma preocupação particular para pessoas com diabetes, já que elas têm um risco aumentado de doenças cardiovasculares. A gestão cuidadosa da ingestão de sal é essencial para manter a pressão arterial em níveis saudáveis e reduzir o risco de complicações.

Em resumo, embora o sal do Himalaia possa ser uma escolha preferida para alguns, devido ao seu perfil mineral e à falta de aditivos encontrados no sal de mesa refinado, a chave para um estilo de vida saudável, especialmente para aqueles que gerenciam o diabetes, reside na moderação do consumo de sal, independentemente do tipo. Focar em uma dieta equilibrada, rica em frutas, vegetais, grãos integrais e proteínas magras, e limitar a ingestão de alimentos altamente processados, que muitas vezes contêm altos níveis de sódio, é uma estratégia muito mais eficaz para promover a saúde geral e o bem-estar.

Como planejar refeições para controlar o diabetes?

Planejar refeições para controlar o diabetes pode ser comparado a montar um quebra-cabeça. Cada peça representa um componente diferente da sua dieta - carboidratos, proteínas, gorduras, vitaminas e minerais - e o desafio é encaixá-las de forma que, juntas, elas formem uma imagem harmoniosa que promova a estabilidade da glicemia e a saúde geral.

Imagine iniciar com as bordas do quebra-cabeça, que são as diretrizes gerais de uma alimentação saudável para o controle do diabetes. Isso inclui manter uma rotina regular de refeições, distribuindo a ingestão de carboidratos de maneira uniforme ao longo do dia para evitar picos de glicose no sangue. Assim como nas bordas de um quebra-cabeça, essas diretrizes formam a base para o restante do seu plano alimentar.

Em seguida, você começa a preencher o centro do quebra-cabeça com peças de diferentes cores e formas, representando a variedade de alimentos que você pode incluir em sua dieta. Os carboidratos, por exemplo, são uma peça fundamental do quebra-cabeça, pois impactam diretamente os níveis de glicose. Escolher carboidratos complexos, como grãos integrais, leguminosas e vegetais ricos em fibras, é como encontrar aquelas peças que se encaixam perfeitamente, promovendo um aumento gradual da glicemia e maior saciedade.

As proteínas e gorduras saudáveis são como as peças que adicionam estabilidade ao conjunto, ajudando a retardar a digestão dos carboidratos e mantendo os níveis de glicose no sangue mais estáveis. Incluir fontes magras de proteína, como frango, peixe e leguminosas, e gorduras boas, como as encontradas no abacate, nozes e azeite de oliva, é essencial para completar o quadro.

Não se esqueça das peças coloridas do quebra-cabeça, que são as frutas e vegetais. Eles adicionam não apenas cor e textura à sua dieta, mas também uma abundância de vitaminas, minerais e fibras, essenciais para o bom funcionamento do organismo e para o controle do diabetes.

Por fim, o toque final no seu quebra-cabeça alimentar envolve a hidratação adequada, preferencialmente com água, e a moderação no consumo de doces e alimentos processados, que são como aquelas peças que parecem se encaixar, mas na verdade perturbam a harmonia do conjunto se usadas em excesso.

Lembre-se que já discutimos aqui algumas estratégias muito interessantes, como contagem de carboidratos, o prato ideal, e as diferenças entre cada macronutriente. Visite as outras perguntas para relembrar o conteúdo e aprender ainda mais!

Planejar suas refeições com o diabetes em mente é um processo contínuo de ajuste e aprendizado, no qual você descobre quais peças se encaixam melhor no seu quebra-cabeça pessoal. Com paciência e prática, você não só conseguirá montar uma imagem completa que favorece o controle da glicemia, mas também descobrirá que essa imagem pode ser tão variada e colorida quanto qualquer outra dieta saudável. Lembre-se, a orientação de profissionais de saúde, como nutricionistas, é como ter alguém para ajudá-lo a encontrar as peças certas mais rapidamente, tornando o processo mais fácil e eficaz.

Capítulo 8: Remédios naturais, remédios alternativos e chás

Por que tenho que tomar cuidado com remédios caseiros e chás?

Tomar cuidado com remédios caseiros e chás é essencial, especialmente quando se tem diabetes. Embora muitos remédios caseiros e chás possam oferecer benefícios à saúde e serem usados há gerações para tratar diversas condições, é crucial entender que nem todos são seguros ou apropriados para pessoas com diabetes. Muitos, nem foram ou são estudados pela ciência!

Primeiramente, alguns remédios caseiros e chás podem interagir com medicamentos prescritos para o diabetes, potencialmente aumentando ou diminuindo a eficácia desses medicamentos. É como adicionar ingredientes desconhecidos a uma receita cuidadosamente balanceada, sem saber como eles vão alterar o resultado final.

Além disso, certos chás e ervas têm propriedades que podem afetar diretamente os níveis de glicose no sangue. Enquanto alguns podem ajudar a reduzir a glicose, outros podem inadvertidamente aumentá-la, ou causar variações imprevisíveis nos níveis de açúcar no sangue, tornando o controle glicêmico mais desafiador.

É também importante considerar que, embora muitos remédios caseiros e chás sejam naturais, "natural" não é sinônimo de "sem riscos". Algumas ervas podem ter efeitos colaterais ou serem tóxicas se consumidas em grandes quantidades ou por longos períodos. Da mesma forma que uma planta bonita pode ser venenosa, um remédio natural pode ser perigoso sob certas condições.

Além disso, é crucial que pacientes com diabetes evitem o consumo de "garrafadas" e plantas cuja origem seja desconhecida. Muitas vezes, essas garrafadas, apesar de prometidas como curas milagrosas ou remédios naturais potentes, estão repletas de açúcar e até álcool em sua composição. Isso pode ser especialmente perigoso para quem tem diabetes, pois o consumo inadvertido de grandes quantidades de açúcar ou álcool pode levar a descontroles perigosos nos níveis de glicose no sangue.

Outro risco significativo desses remédios caseiros é a inclusão de plantas tóxicas. Sem o conhecimento adequado, plantas que são prejudiciais à saúde podem ser misturadas nessas garrafadas, apresentando riscos sérios à saúde. O perigo reside não apenas nas reações adversas imediatas, mas também nos possíveis efeitos a longo prazo do consumo de substâncias tóxicas.

Além disso, muitas dessas garrafadas e remédios de origem duvidosa são preparados por indivíduos sem nenhum conhecimento formal ou compreensão dos princípios da farmácia e farmacologia. Isso significa que, além dos riscos associados aos ingredientes, há também uma falta de controle de qualidade na preparação desses produtos, aumentando ainda mais os riscos à saúde.

Portanto, antes de adicionar qualquer novo remédio caseiro ou chá à sua rotina, especialmente se você tem diabetes, é essencial conversar com um farmacêutico clínico experiente ou com médico. Eles podem ajudar a orientar se um determinado remédio ou chá é seguro para você, considerando seu plano de tratamento atual e suas condições de saúde específicas. Esta abordagem cautelosa garante segurança no uso da medicina natural, mantendo seu controle do diabetes no curso certo e sua saúde em ótima condição.

Existem suplementos naturais recomendados para pessoas com diabetes?

Na verdade, quando se trata do manejo do diabetes, é importante reconhecer que, até o momento, não existem suplementos naturais com evidência científica robusta suficiente que os coloque no mesmo patamar de eficácia dos medicamentos prescritos para essa condição. O diabetes é uma doença complexa que requer uma abordagem cuidadosa e personalizada, centrada em medicamentos comprovadamente eficazes, mudanças no estilo de vida, como dieta e exercício, e monitoramento regular da glicose no sangue.

Enquanto muitos suplementos são promovidos por suas supostas capacidades de auxiliar no controle do diabetes, a realidade é que a maioria não passou pelos rigorosos testes clínicos necessários para validar essas afirmações à luz dos padrões científicos atuais. Isso não significa que alguns suplementos não possam ter efeitos positivos na saúde geral ou até oferecer algum benefício no contexto do diabetes, mas eles não devem ser vistos como substitutos para o tratamento convencional.

Medicamentos para o diabetes e a insulina são fundamentais no manejo da doença, pois passaram por extensos testes clínicos que comprovam sua segurança e eficácia. Esses tratamentos são projetados para ajudar a controlar os níveis de glicose no sangue de maneira precisa, algo essencial para prevenir as complicações a curto e longo prazo do diabetes.

É crucial que as pessoas com diabetes não substituam ou suspendam seus medicamentos prescritos em favor de suplementos naturais sem antes consultar um profissional de saúde. A melhor abordagem é discutir abertamente todas as opções de tratamento com sua equipe de saúde, que pode incluir médicos, nutricionistas e farmacêuticos. Eles podem oferecer orientações baseadas nas mais recentes evidências científicas e adaptadas às suas necessidades individuais.

Além disso, é fundamental que você, como pessoa que vive com diabetes, evite gastar dinheiro desnecessariamente com vitaminas e suplementos sem antes ter uma conversa detalhada com um farmacêutico ou médico de confiança. O tratamento do diabetes já envolve custos significativos, incluindo medicamentos, monitoramento da glicose e consultas regulares com profissionais de saúde. Adicionar despesas com produtos que não têm comprovação científica de eficácia no manejo do diabetes apenas aumenta o fardo financeiro sem oferecer benefícios reais.

Antes de investir em qualquer suplemento ou vitamina, é crucial avaliar cuidadosamente a necessidade e a eficácia desses produtos. Profissionais de saúde podem fornecer orientações baseadas em evidências e ajudar a focar seus recursos em tratamentos e abordagens que realmente contribuem para o controle efetivo do diabetes. Dessa forma, você pode direcionar seus esforços e investimentos para o que realmente ajuda a gerenciar sua condição de maneira eficaz, evitando gastos desnecessários com soluções que prometem muito, mas entregam pouco.

Portanto, enquanto a pesquisa continua a explorar o potencial de novos tratamentos e suplementos para o diabetes, confiar nos medicamentos comprovados e seguir as recomendações de profissionais de saúde é a maneira mais segura e eficaz de gerenciar a condição. Manter uma dieta equilibrada, praticar atividades físicas regulares e monitorar a glicose no sangue são os pilares do controle do diabetes, juntamente com a terapia medicamentosa quando necessária.

Os suplementos podem interferir no tratamento do diabetes?

Imagine que você está organizando uma banda – vamos chamá-la de "Os Glucoreguladores". Cada membro da banda, seja a insulina no vocal, a metformina no baixo, ou qualquer outro medicamento para diabetes na guitarra, sabe exatamente o que fazer para manter a música (seu nível de glicose no sangue) em harmonia perfeita. De repente, decide introduzir um novo instrumento, os suplementos, sem saber exatamente como eles vão se encaixar na melodia.

Os suplementos, embora possam parecer inofensivos ou até benéficos por estarem rotulados como "naturais", podem, sim, interferir no tratamento do diabetes, criando um solo de guitarra inesperado bem no meio de uma balada tranquila. Isso porque alguns suplementos podem afetar os níveis de glicose no sangue, potencializar ou reduzir o efeito dos medicamentos para diabetes, ou até mesmo causar efeitos colaterais próprios.

Antes de adicionar qualquer suplemento à sua rotina, converse com seu médico ou farmacêutico. Eles podem ajudar a avaliar se o suplemento é seguro para você e como ele pode interagir com seus medicamentos atuais. Lembre-se, a ideia é fazer com que sua banda – "Os Glucoreguladores" – toque a melhor música possível, mantendo a glicose no sangue em harmonia, sem solos de guitarra surpresa. Com a orientação certa e um pouco de planejamento, você pode ter certeza de que cada novo instrumento adicionado à banda vai contribuir positivamente para a sua saúde.

Eu não confio na indústria farmacêutica, e agora?

Entendo perfeitamente que possa haver desconfiança em relação à indústria farmacêutica. É natural questionar e buscar o melhor para a nossa saúde, especialmente quando se vive com uma condição crônica como o diabetes. A preocupação com a integridade das empresas que produzem os medicamentos que tomamos diariamente é uma reflexão válida e mostra o quanto você se importa com sua saúde e bem-estar.

No entanto, é importante lembrar que, apesar das imperfeições do sistema e das empresas farmacêuticas, existem rigorosos processos de pesquisa, desenvolvimento e regulamentação que garantem a eficácia e segurança dos medicamentos disponíveis no mercado. Medicamentos para o diabetes, incluindo insulina e outros tratamentos, passaram por inúmeros testes clínicos antes de serem aprovados por agências reguladoras como a ANVISA no Brasil e a FDA nos Estados Unidos. Esses órgãos existem para proteger nossa saúde, assegurando que apenas medicamentos seguros e eficazes sejam disponibilizados para o público.

A compreensão e a confiança nos tratamentos podem ser fortalecidas através da educação e do diálogo aberto com profissionais de saúde. Conversar com médicos, enfermeiros e farmacêuticos de confiança pode ajudar a esclarecer dúvidas e preocupações, permitindo que você tome decisões informadas sobre seu tratamento. Esses profissionais podem oferecer insights valiosos sobre como os medicamentos funcionam, seus benefícios e possíveis efeitos colaterais, além de discutir qualquer nova pesquisa ou alternativa de tratamento disponível.

Além disso, envolver-se em grupos de apoio e comunidades de pacientes com diabetes pode proporcionar uma perspectiva adicional e apoio emocional. Ouvir as experiências de outras pessoas que enfrentam desafios semelhantes pode reforçar a confiança nas opções de tratamento e na jornada para uma vida saudável com diabetes.

Lembre-se, o objetivo final é gerenciar o diabetes de forma eficaz, mantendo a qualidade de vida. Embora a indústria farmacêutica seja uma parte complexa do sistema de saúde, os medicamentos que ela produz são fundamentais para o tratamento do diabetes. Trabalhar em conjunto com sua equipe de saúde, buscando informações confiáveis e mantendo um diálogo aberto, é essencial para navegar neste cenário, garantindo que você se sinta confiante e seguro em seu plano de tratamento.

Eu não gosto de tomar remédios, o que devo fazer?

Entender que você não gosta de tomar remédios é uma preocupação válida e bastante comum. Muitas pessoas sentem-se desconfortáveis com a ideia de depender de medicamentos diariamente, especialmente quando se trata de uma condição crônica como o diabetes. A primeira coisa a se fazer é reconhecer que seus sentimentos são legítimos e que você não é a única pessoa que se sente assim.

Em situações como essa, o primeiro passo é ter uma conversa franca com seu farmacêutico, médico ou equipe de saúde. Eles podem esclarecer dúvidas sobre os medicamentos, discutir seus benefícios e riscos, e talvez até ajustar seu plano de tratamento para torná-lo mais adequado às suas preferências e necessidades. Às vezes, simples ajustes na forma de administração do medicamento ou na dosagem podem fazer uma grande diferença na forma como você se sente em relação ao tratamento.

Além disso, incorporar e fortalecer outras áreas do manejo do diabetes, como dieta e atividade física, pode ser uma maneira de otimizar seu controle glicêmico e, potencialmente, minimizar a dependência de medicamentos. Embora em muitos casos o uso de medicamentos seja indispensável, adotar um estilo de vida saudável pode ajudar a melhorar a eficácia do tratamento e, em alguns casos, levar a uma redução das doses necessárias.

Outra abordagem é explorar técnicas complementares de gerenciamento do estresse, como meditação, yoga ou técnicas de relaxamento. O estresse pode afetar negativamente os níveis de glicose no sangue, portanto, encontrar maneiras de reduzi-lo pode ser benéfico para o controle geral do diabetes.

A educação é outra ferramenta poderosa. Quanto mais você souber sobre o diabetes e como os medicamentos funcionam para ajudar a controlá-lo, mais capacitado(a) você pode se sentir em relação ao seu plano de tratamento. Participar de workshops, grupos de apoio ou sessões educacionais pode fornecer informações valiosas e aumentar sua confiança na gestão da condição.

É importante lembrar que o objetivo do tratamento é ajudá-lo(a) a viver uma vida longa, saudável e feliz. Medicamentos podem ser uma parte crucial disso para muitas pessoas com diabetes. Encontrar um equilíbrio entre o uso de medicamentos e outras estratégias de manejo pode levar algum tempo e ajustes, mas com o apoio da sua equipe de saúde, é possível desenvolver um plano de tratamento que você se sinta confortável em seguir e que seja eficaz no controle do seu diabetes.

Além disso, não podemos deixar de reconhecer o papel transformador que os medicamentos desempenharam na história da medicina e na extensão da expectativa de vida humana. Há poucas décadas, muitas das doenças que hoje são completamente controláveis, ou ao menos gerenciáveis, eram frequentemente sentenças de morte ou causas de sofrimento. Graças ao avanço da ciência farmacêutica, o que era inimaginável no passado tornou-se realidade: condições como diabetes, hipertensão, doenças cardíacas, entre outras, que outrora limitavam significativamente a qualidade e a duração da vida, agora podem ser controladas com eficácia.

Esta perspectiva nos ajuda a apreciar os medicamentos não apenas como uma necessidade diária, mas como uma conquista que nos permite viver vidas mais longas, saudáveis e plenas. Enquanto é compreensível ter reservas sobre depender de medicamentos, é também importante lembrar que eles são um dos pilares que sustentam a saúde moderna, permitindo-nos superar limitações que nossos antepassados enfrentavam.

Viver numa era onde o tratamento para inúmeras condições está ao nosso alcance é um privilégio que não deve ser subestimado.

Embora o objetivo seja sempre melhorar a qualidade de vida com o mínimo possível de intervenção médica, é reconfortante saber que, quando necessários, temos à disposição recursos eficazes para nos ajudar a gerenciar nossa saúde.

Portanto, mesmo que o uso de medicamentos possa parecer desafiador, é uma parte integrante do progresso médico que nos permite viver mais e melhor. Dialogar abertamente com sua equipe de saúde sobre quaisquer preocupações e explorar todas as opções disponíveis pode ajudar a encontrar um equilíbrio confortável e eficaz no manejo do diabetes ou de qualquer outra condição. E lembre-se, cada avanço médico, incluindo os medicamentos que temos hoje, é um passo em direção a um futuro em que podemos viver não apenas mais, mas com mais qualidade de vida.

Vinagre de maçã tem algum benefício no controle do diabetes?

O vinagre de maçã é frequentemente mencionado em discussões sobre remédios naturais e tem sido associado a uma variedade de benefícios à saúde, incluindo potenciais efeitos no controle do diabetes. Algumas pesquisas sugerem que o vinagre de maçã pode ajudar a melhorar a sensibilidade à insulina e reduzir os picos de glicose no sangue após as refeições, especialmente quando consumido junto com alimentos ricos em carboidratos. Isso é atribuído à acidez do vinagre, que pode influenciar a velocidade com que os alimentos são digeridos e a glicose é absorvida na corrente sanguínea.

No entanto, é fundamental entender que, embora o vinagre de maçã possa, alegadamente, oferecer alguns benefícios no contexto de um plano de controle do diabetes, ele não é suficiente para tratar o diabetes sozinho. O manejo eficaz do diabetes requer uma abordagem abrangente que inclui uma dieta balanceada, atividade física regular, monitoramento da glicemia e, quando necessário, medicação conforme prescrito por um profissional de saúde.

Pensar no vinagre de maçã como um complemento, e não como um substituto para as recomendações médicas, é a maneira mais segura de incorporá-lo à sua rotina. Além disso, só consuma esse produto se você realmente gostar, pois não existe evidência científica robusta que ele realmente irá mudar alguma coisa. Se você está considerando adicionar vinagre de maçã à sua dieta para ajudar no controle do diabetes, converse primeiro com seu médico ou nutricionista. Eles podem oferecer orientação sobre como fazer isso de maneira segura, sem interferir no seu plano de tratamento existente.

Lembre-se de que o controle do diabetes é como um quebra-cabeça que envolve muitas peças diferentes - dieta, exercício, monitoramento da glicose e, muitas vezes, medicação. Cada uma dessas peças desempenha um papel vital na manutenção da sua saúde. Enquanto o vinagre de maçã pode ser uma peça adicional para algumas pessoas que gostam dele, ele não pode substituir as outras peças fundamentais desse quebra-cabeça.

Chás conseguem controlar o diabetes?

A busca por métodos naturais para complementar o tratamento do diabetes muitas vezes leva à curiosidade sobre o papel dos chás no controle dessa condição. Entre os mais discutidos estão o chá de pata-de-vaca (*Bauhinia forficata*) e o chá de insulina vegetal, conhecido cientificamente como *Cissus sicyoides*. Ambos são populares na medicina popular por suas supostas propriedades hipoglicemiantes, ou seja, a capacidade de reduzir os níveis de glicose no sangue.

A pata-de-vaca, por exemplo, é uma planta que tem sido objeto de estudos devido aos seus efeitos sobre os níveis de açúcar no sangue, com alguns pesquisadores sugerindo que os compostos presentes nas folhas podem ajudar a melhorar a sensibilidade à insulina e reduzir a glicemia. Da mesma forma, o chá de insulina vegetal tem sido tradicionalmente utilizado para ajudar no controle do diabetes, embora a evidência científica ainda seja limitada e não conclusiva.

No entanto, é crucial enfatizar que, apesar do interesse nestes e outros chás como auxiliares no manejo do diabetes, eles não substituem os medicamentos prescritos ou as mudanças no estilo de vida recomendadas por profissionais de saúde. O tratamento do diabetes é complexo e requer uma abordagem multifacetada, incluindo dieta adequada, atividade física regular, monitoramento contínuo da glicemia e, em muitos casos, uso de medicamentos para manter os níveis de açúcar no sangue dentro de faixas seguras.

Antes de considerar a inclusão de qualquer chá ou suplemento herbal no seu regime de tratamento, é essencial conversar com seu médico ou um especialista. Eles podem avaliar a segurança e a adequação dessas opções no contexto do seu tratamento específico, considerando possíveis interações com medicamentos e impactos na sua condição de saúde.

Embora a natureza ofereça uma riqueza de recursos que podem beneficiar nossa saúde de várias maneiras, a dependência exclusiva em remédios naturais, sem a orientação de um profissional, pode levar a resultados insatisfatórios e potencialmente perigosos. Portanto, enquanto exploramos os potenciais benefícios de chás como a pata-de-vaca e a insulina vegetal, devemos fazê-lo com cautela, respeitando sempre as diretrizes de tratamento baseadas em evidências e as recomendações dos profissionais de saúde.

Existem alternativas naturais aprovadas para o tratamento do diabetes?

Quando se trata de tratamento do diabetes, a busca por alternativas naturais é comum. No entanto, é importante destacar que, até o momento, não há alternativas naturais que possam substituir completamente os tratamentos convencionais aprovados para o diabetes, como medicamentos, insulina e mudanças no estilo de vida. A gestão eficaz do diabetes requer uma abordagem baseada em evidências, que inclui monitoramento regular da glicose, dieta equilibrada, atividade física e, quando necessário, uso de medicamentos específicos prescritos por profissionais de saúde.

Isso não significa que componentes naturais e mudanças no estilo de vida não tenham um papel crucial no manejo do diabetes. Na verdade, a dieta e a atividade física são fundamentais para controlar a doença. Alimentos ricos em fibras, como frutas, vegetais, legumes e grãos integrais, podem ajudar a regular os níveis de açúcar no sangue. Da mesma forma, a prática regular de exercícios físicos contribui para a manutenção do peso corporal adequado e melhora a sensibilidade à insulina.

Posso tratar o diabetes com homeopatia?

A homeopatia é uma forma de medicina alternativa baseada na ideia de tratar "semelhante com semelhante", usando substâncias altamente diluídas que, em doses maiores, produziriam sintomas da doença que se busca tratar. Algumas pessoas se interessam pela homeopatia e outras abordagens alternativas com a esperança de encontrar tratamentos menos invasivos ou com menos efeitos colaterais. No entanto, quando se trata de tratar o diabetes, é crucial abordar o assunto com cautela e informação.

O diabetes é uma condição crônica que requer um manejo cuidadoso dos níveis de glicose no sangue para prevenir complicações sérias, como doenças cardíacas, insuficiência renal, danos nos nervos e problemas de visão. Até o momento, a pesquisa científica não suporta a homeopatia como um tratamento eficaz para o diabetes. Os tratamentos comprovadamente eficazes para o diabetes incluem medicamentos prescritos, como a insulina e outros agentes hipoglicemiantes, juntamente com mudanças na dieta e no estilo de vida.

Isso não significa que os aspectos do bem-estar abordados pela homeopatia e outras práticas alternativas, como a redução do estresse e uma abordagem holística da saúde, não sejam importantes.

Esses aspectos podem desempenhar um papel valioso no manejo geral do diabetes, especialmente quando integrados a um plano de tratamento baseado em evidências.

Se você está considerando a homeopatia ou qualquer outra forma de medicina alternativa para o tratamento do diabetes, é fundamental discutir isso abertamente com seu médico ou equipe de saúde. Eles podem ajudá-lo a entender as evidências (ou a falta delas) por trás dessas abordagens e garantir que qualquer tratamento complementar que você esteja considerando seja seguro e não interfira nos seus tratamentos convencionais. Mas o principal: não priorize gastar dinheiro com homeopatia. Use a homeopatia apenas se você acreditar e se isso não fizer diferença no seu orçamento. Além do mais, jamais pare seus medicamentos convencionais para fazer um tratamento apenas com a homeopatia! Isso pode te causar sérios danos.

Lembre-se, o objetivo no manejo do diabetes é manter seus níveis de glicose no sangue dentro das metas recomendadas para prevenir complicações. Isso geralmente requer uma combinação de medicamentos, monitoramento regular da glicose no sangue, dieta balanceada e atividade física. Abordagens complementares podem oferecer suporte adicional ao seu bem-estar, mas não devem substituir os tratamentos baseados em evidências científicas.

Em resumo, enquanto a busca por abordagens de tratamento que alinhem com suas preferências pessoais é válida, a decisão de incluir qualquer forma de tratamento alternativo, como a homeopatia, no manejo do diabetes deve ser feita com cautela, informação e, mais importante, em parceria com sua equipe de saúde.

Posso tratar diabetes com terapia floral?

A floralterapia, também conhecida como terapia floral, é uma forma de medicina alternativa que utiliza essências florais diluídas para tratar desequilíbrios emocionais e mentais, com a crença de que isso pode ajudar a melhorar o bem-estar físico. Enquanto muitas pessoas encontram conforto e suporte emocional nos florais, é importante abordar o tratamento do diabetes com uma visão baseada em evidências científicas.

O diabetes é uma condição crônica que afeta a maneira como o corpo processa a glicose no sangue, exigindo um manejo cuidadoso que inclui monitoramento da glicose, uso de medicamentos, mudanças na dieta e estilo de vida e, em alguns casos, administração de insulina. Até o momento, não há evidências científicas que suportem a floralterapia como um tratamento eficaz para controlar os níveis de glicose no sangue ou tratar o diabetes diretamente.

Isso não significa, porém, que o bem-estar emocional e mental não sejam componentes importantes no manejo do diabetes. O estresse, a ansiedade e a depressão podem afetar significativamente os níveis de glicose no sangue e a capacidade de gerenciar o diabetes de forma eficaz. Nesse sentido, práticas que promovem a saúde emocional e mental podem ser valiosas como parte de uma abordagem holística para o cuidado com o diabetes, desde que usadas de forma suplementar — e não em substituição — às terapias convencionais baseadas em evidências.

Se você está considerando a floralterapia ou qualquer outra abordagem alternativa para apoiar seu bem-estar emocional enquanto vive com diabetes, é crucial conversar abertamente sobre isso com sua equipe de saúde. Eles podem ajudá-lo a avaliar as opções de forma segura, garantindo que seu plano de tratamento para o diabetes continue eficaz e baseado nas melhores evidências disponíveis.

Lembre-se, o manejo eficaz do diabetes envolve um plano de tratamento abrangente que aborda tanto as necessidades físicas quanto emocionais. Tratamentos comprovados para o controle da glicose, juntamente com suporte para saúde mental e emocional, podem trabalhar juntos para ajudá-lo a alcançar o melhor estado de saúde possível. A chave é encontrar um equilíbrio que funcione para você, dentro de um plano de cuidados que seja seguro, eficaz e baseado em sólidas evidências científicas.

Capítulo 9: Tratamentos e Medicamentos para o Diabetes

9.1 Conhecendo os medicamentos

Qual é o melhor medicamento para o diabetes?

Quando se trata de encontrar o "melhor" medicamento para o diabetes, é essencial entender que não existe um único medicamento que seja universalmente o melhor para todos. O diabetes é uma condição complexa e cada pessoa que convive com ela possui características únicas, incluindo diferentes tipos de diabetes, variações no estilo de vida, presença de outras condições de saúde e respostas individuais aos tratamentos. Por isso, o que funciona bem para uma pessoa pode não ser a opção mais adequada para outra.

Dito isso, existe um medicamento que, ao longo dos anos, se destacou no tratamento do diabetes tipo 2 devido à sua eficácia, segurança e custo-benefício: a metformina. Considerada por muitos profissionais de saúde como a pedra angular no tratamento do diabetes tipo 2, a metformina atua reduzindo a quantidade de glicose produzida pelo fígado e melhorando a sensibilidade do corpo à insulina, o que ajuda a controlar os níveis de glicose no sangue mais eficazmente.

A popularidade da metformina não significa, no entanto, que ela seja a escolha perfeita para todos. Embora seja realmente muito boa para a maioria das pessoas com diabetes tipo 2, há situações em que outros medicamentos podem ser mais indicados, dependendo das necessidades específicas do paciente, da presença de outras condições médicas, da tolerância a possíveis efeitos colaterais e de outros fatores relevantes.

Já para o diabetes tipo 1, o medicamento que é considerado a pedra angular do tratamento é a insulina. Nós aprendemos a razão disso em algumas perguntas anteriores, porém, resumidamente, sem insulina o paciente com diabetes tipo 1 não consegue viver. A insulina é essencial para a vida de quem tem diabetes tipo 1!

A escolha do medicamento adequado para o tratamento do diabetes deve sempre ser feita em conjunto com um médico, que levará em consideração todas essas variáveis para desenvolver um plano de tratamento personalizado. Pode ser necessário experimentar diferentes medicamentos ou combinações de medicamentos para encontrar a estratégia de tratamento mais eficaz para cada indivíduo. Mas lembre-se: você nunca deve tomar nenhum medicamento sem prescrição, por conta própria!

Em resumo, enquanto existem medicamentos considerados "pedras angulares" tanto no diabetes tipo 1 quanto no diabetes tipo 2, a chave para um manejo bem-sucedido do diabetes é a personalização do tratamento. Trabalhar de perto com sua equipe de saúde, monitorar regularmente sua condição e ajustar o tratamento conforme necessário são etapas fundamentais para controlar o diabetes e manter uma vida saudável e ativa.

Quais são os principais medicamentos e como eles funcionam?

Informações iniciais importantes

No vasto mundo do tratamento do diabetes, uma variedade de medicamentos desempenha papéis fundamentais em ajudar as pessoas a gerenciar essa condição complexa. Como se fossem instrumentos em uma orquestra, cada medicamento tem sua função específica, trabalhando em harmonia para manter a melodia da glicemia afinada.

Como farmacêutico, enfrento um desafio particularmente especial ao abordar o tema dos medicamentos de forma que seja compreensível para você. Os nomes dos medicamentos muitas vezes são complexos, difíceis de pronunciar e de ler, um emaranhado de letras e sílabas que podem parecer um verdadeiro quebra-cabeça. Infelizmente, não tenho o poder de simplificar esses nomes para termos mais acessíveis, pois eles são designados seguindo padrões internacionais que garantem sua identificação precisa em qualquer lugar do mundo.

Peço que você leia com carinho e paciência as próximas linhas. Quando eu utilizar uma palavra que soe complicada ou estranha, saiba que não foi por falta de esforço para tornar a informação mais clara, mas simplesmente porque, em certos casos, não há alternativa. Esses nomes, por mais difíceis que sejam, são essenciais para assegurar que estamos falando exatamente do mesmo medicamento, evitando confusões que poderiam comprometer a segurança e a eficácia do tratamento.

Além disso, ao abordarmos os medicamentos utilizados no tratamento do diabetes, é importante destacar que me concentrarei em mencionar apenas os nomes genéricos desses fármacos, e não os nomes comerciais. Isso se deve ao fato de que os medicamentos podem ser comercializados sob diferentes marcas em diversos países ou regiões, o que pode causar confusão. Por outro lado, o nome genérico é universal, o que facilita a identificação precisa do medicamento independentemente do local.

Para você, leitor, que pode estar se perguntando como encontrar esses nomes genéricos ao buscar informações ou ao adquirir seus medicamentos, aqui vai uma orientação simples: sempre que você receber uma prescrição médica, note que o profissional de saúde pode escrever tanto o nome genérico quanto o nome comercial do medicamento. No entanto, se apenas o nome comercial for fornecido, você pode facilmente descobrir o nome genérico consultando a embalagem do produto, onde ambos os nomes geralmente são impressos. Além disso, farmacêuticos são excelentes e podem ajudá-lo a identificar o nome genérico de um medicamento a partir de seu nome comercial.

Também é possível utilizar recursos online confiáveis, como sites de agências reguladoras de saúde (como a ANVISA no Brasil ou a FDA nos Estados Unidos) ou bases de dados especializadas em medicamentos, que oferecem uma vasta quantidade de informações, incluindo os nomes genéricos, indicações, dosagens e possíveis efeitos colaterais dos medicamentos.

Concentrar-se nos nomes genéricos é uma prática que promove a clareza e a precisão, garantindo que todos tenhamos uma compreensão comum dos medicamentos discutidos, independentemente de marcas específicas. Isso é especialmente relevante no contexto do diabetes, onde a educação e o entendimento claro sobre os medicamentos desempenham um papel crucial no manejo eficaz da condição. Portanto, encorajo você a se familiarizar com os nomes genéricos dos medicamentos que fazem parte do seu tratamento, fortalecendo assim seu conhecimento e capacidade de gerenciar sua saúde de forma mais autônoma e informada.

Entender os medicamentos e como eles atuam no controle do diabetes é crucial, e estou aqui para guiar você através deste labirinto de termos difíceis, desvendando o significado por trás de cada nome e explicando seu papel no manejo da doença. Meu objetivo é que, ao final, você se sinta mais informado, confiante e preparado para discutir seu tratamento com sua equipe de saúde. Juntos, vamos descomplicar o complexo mundo dos medicamentos para o diabetes.

Metformina

Começando com a metformina, a base da orquestra no tratamento do diabetes tipo 2, este medicamento ajuda a reduzir a quantidade de glicose (açúcar, energia) produzida pelo fígado e melhora a forma como o corpo faz para usar a insulina, melhorando o que chamamos de sensibilidade do corpo à insulina. É como se ela trabalhasse orientando o corpo a usar a glicose de forma mais eficiente, e muitas vezes é o primeiro medicamento prescrito após o diagnóstico.

Um aspecto particularmente apreciado da metformina é sua capacidade de atuar sem promover o ganho de peso, uma preocupação comum entre muitos medicamentos para o diabetes. Além disso, em algumas pessoas, pode contribuir modestamente para a perda de peso, um benefício bem-vindo para aqueles que lutam com o controle do peso junto ao manejo do diabetes – já vimos em outra pergunta o quanto controlar o peso é importante!

Além disso, a metformina não apenas desempenha um papel fundamental no controle da glicemia para pessoas com diabetes tipo 2, mas também tem sido associada a benefícios adicionais significativos em termos de redução do risco de morte e eventos cardiovasculares. Estudos têm mostrado que a metformina pode contribuir para um menor risco de complicações relacionadas ao coração, um aspecto particularmente importante, considerando que as pessoas com diabetes tipo 2 têm um risco aumentado de doenças cardiovasculares.

Vale destacar que a metformina é um medicamento barato e acessível. Isso tem um peso muito grande! É possível conseguir metformina gratuitamente no SUS, por um preço muito baixo no programa Farmácia Popular, ou até mesmo comprando nas farmácias você não deve gastar muito. O custo é um fator que nos preocupa bastante, pois o diabetes não é uma doença barata.

Por essas razões, é importante ressaltar, a metformina é frequentemente considerada um tratamento de primeira escolha para pessoas com diabetes tipo 2, não só pela sua eficácia no controle da glicemia, mas também por esse perfil favorável em relação ao risco cardiovascular, ao peso e ao baixo custo do tratamento. Esses benefícios fazem dela uma escolha valiosa no manejo integrado do diabetes, visando não apenas o controle do açúcar no sangue, mas também a prevenção de complicações a longo prazo, incluindo aquelas relacionadas ao coração. É bem provável que se você tiver diabetes tipo 2 ou até mesmo pré-diabetes, o seu médico prescreva metformina para você!

E os efeitos adversos? Bom, o efeito adverso mais comum que ela pode causar é diarreia em alguns pacientes. Essa é uma das razões pelas quais muitas pessoas podem sentir uma certa hesitação ou preocupação ao iniciar o tratamento com metformina. A diarreia, junto com outros desconfortos gastrointestinais como náuseas e dores abdominais, faz parte do conjunto de efeitos colaterais que podem ocorrer, especialmente nas primeiras semanas após o início do uso do medicamento. Se esse é o seu caso, não se preocupe! Os benefícios valem passar por essa fase e existem formas de minimizar e acabar com esse problema.

A metformina atua diminuindo a quantidade de glicose produzida pelo fígado e melhorando a sensibilidade do corpo à insulina, o que é fundamental para o controle da glicemia. No entanto, ela também pode afetar a absorção e a movimentação dos alimentos pelo intestino, o que, para algumas pessoas, resulta em diarreia.

Mas qual é a boa notícia? Para muitos pacientes, esses efeitos colaterais são temporários, diminuindo à medida que o corpo se ajusta ao medicamento ao longo do tempo. Além disso, há estratégias que podem ajudar a minimizar esses desconfortos, como iniciar com uma dose baixa de metformina e aumentá-la gradualmente, conforme recomendado pelo seu médico, ou optar pela versão de metformina que chamamos de "liberação prolongada", que libera o medicamento aos poucos causando menos desconforto.

Outra dica útil é tomar a metformina junto com as refeições para ajudar a reduzir o impacto no estômago e intestinos. Além disso, manter uma comunicação aberta com seu médico e farmacêutico clínico é crucial. Se a diarreia se tornar um problema significativo para você, não hesite em discutir isso com sua equipe de saúde. Eles podem te ajudar!

Glibenclamida, gliclazida e glimepirida

Glibenclamida, gliclazida e glimepirida são membros da família dos medicamentos conhecidos como sulfonilureias, uma das classes mais tradicionais usadas no tratamento do diabetes tipo 2. Cada um desses medicamentos tem um papel especial na ajuda ao controle da glicemia, embora compartilhem um mecanismo de ação semelhante, por isso nós dizemos que eles são praticamente "parentes".

Esses medicamentos agem estimulando as células beta do pâncreas a liberar mais insulina. Imagine uma chave que desbloqueia o potencial do pâncreas para aumentar sua produção de insulina; essa é a função principal dessas sulfonilureias. A insulina, como sabemos, é o hormônio responsável por ajudar a glicose a entrar nas células do corpo, onde pode ser usada como energia. Portanto, ao aumentar a quantidade de insulina liberada pelo pâncreas, glibenclamida, gliclazida e glimepirida ajudam a reduzir os níveis de açúcar no sangue.

Embora esses medicamentos sejam eficazes no controle da glicose no sangue, é crucial que sejam usados como parte de um plano de tratamento abrangente que inclua dieta, exercícios e, quando necessário, outros medicamentos. A escolha entre glibenclamida, gliclazida e glimepirida dependerá das necessidades individuais do paciente, das condições de saúde concomitantes, do potencial de interações medicamentosas, da sua preferência e da preferência do médico, sempre buscando o equilíbrio ideal entre eficácia, segurança e qualidade de vida do paciente.

Medicamentos com nomes terminados em "-gliptinas"

Os medicamentos terminados em "-gliptinas" pertencem a uma classe conhecida como inibidores de DPP-4 (dipeptidil peptidase-4). Nome complicado, não é mesmo? Eu disse que nem sempre eu iria conseguir fugir desses termos difíceis. Mas é bom se familiarizar com eles, ao invés de ficar apenas na superficialidade do conhecimento. Essa classe de medicamentos é uma opção relativamente recente no tratamento do diabetes tipo 2, atuando de maneira sutil, porém eficaz, para ajudar no controle dos níveis de açúcar no sangue.

Esses medicamentos funcionam ao impedir a ação da enzima no corpo. Esta enzima é responsável pela degradação de hormônios intestinais chamados incretinas, que desempenham um papel crucial na regulação da glicose no sangue. As incretinas ajudam a aumentar a produção de insulina quando os níveis de glicose estão altos, especialmente após as refeições, e diminuem a quantidade de glicose produzida pelo fígado. Ao inibir a enzima chamada DPP-4 e, consequentemente, prolongar a ação das incretinas, os medicamentos "-gliptinas" aumentam a liberação de insulina de maneira dependente da glicose e diminuem a produção de glicose pelo fígado, levando a uma melhora no controle glicêmico.

Entre os exemplos de "-gliptinas" estão a sitagliptina, a vildagliptina, a saxagliptina, e a linagliptina. Cada uma tem suas particularidades em termos de dosagem, eliminação do organismo e possíveis efeitos colaterais, mas todas compartilham o mecanismo de ação fundamental que as coloca nesta categoria de tratamento.

Uma das vantagens desses medicamentos é o seu perfil de segurança, especialmente no que diz respeito ao risco muito baixo de causar hipoglicemia, ou seja, níveis de açúcar no sangue perigosamente baixos. Além disso, esses medicamentos são geralmente bem tolerados, com efeitos colaterais relativamente raros e leves.

Como em qualquer tratamento para o diabetes, a escolha de iniciar uma terapia com um inibidor de DPP-4 deve ser feita em estreita colaboração com sua equipe de saúde. Este diálogo assegura que o tratamento escolhido é o mais adequado às suas necessidades individuais, objetivos de tratamento e condições de saúde geral, proporcionando o melhor controle possível sobre o diabetes tipo 2. Nunca tome medicamentos sem prescrição!

Medicamentos em canetinhas de aplicação

Imagine uma ferramenta no tratamento do diabetes que não apenas ajuda a controlar os níveis de açúcar no sangue, mas também oferece benefícios adicionais, como perda de peso e proteção cardiovascular. Essa é a promessa dos análogos do GLP-1, uma classe de medicamentos que imita a ação de um hormônio naturalmente produzido no intestino, chamado GLP-1 (peptídeo semelhante ao glucagon tipo 1). Eles geralmente vem em canetinhas de aplicação, mas também podem vir em compridos hoje em dia.

GLP-1? Análogo? Que nomes são esses? Bom, vamos lá! Quando comemos, um hormônio chamado GLP-1 é liberado e desempenha várias funções importantes: estimula a liberação de insulina pelo pâncreas em resposta à glicose, reduz a produção de glicose pelo fígado e desacelera o esvaziamento gástrico (passagem da comida que comemos pelo estômago e intestino, por exemplo, a comida fica mais tempo no estômago), fazendo com que nos sintamos satisfeitos por mais tempo.

E o que significa análogo? Análogo significa parecido. No laboratório, os farmacêuticos conseguem fazer um hormônio GLP-1 parecido com aquele que o nosso corpo produz. Em alguns casos, eles até conseguem turbinar esse hormônio parecido com alguma característica interessante para o tratamento. Então, aqui entram os análogos do GLP-1! Esses medicamentos são projetados para agir como o GLP-1 natural, melhorando a liberação de insulina de forma dependente da glicose, o que significa que eles ajudam o pâncreas a liberar insulina quando os níveis de açúcar no sangue estão altos, mas diminuem essa ação quando os níveis estão normais, reduzindo assim o risco de hipoglicemia. Além disso, ao retardar o esvaziamento gástrico, ajudam a controlar o apetite e a ingestão de alimentos, o que pode levar à perda de peso — um benefício importante para muitas pessoas com diabetes, que frequentemente lutam com o excesso de peso.

Além desses efeitos sobre a glicemia e o peso, estudos recentes sugerem que alguns análogos do GLP-1 podem também oferecer proteção cardiovascular, reduzindo o risco de eventos cardíacos adversos, como ataques cardíacos e derrames, em pessoas com diabetes tipo 2 e alto risco cardiovascular.

Os análogos do GLP-1 são administrados por injeção, com frequências que variam de uma vez ao dia a uma vez por semana, dependendo do medicamento específico. Embora a ideia de uma injeção possa ser desanimadora para alguns, muitos pacientes acham que o regime de dosagem conveniente e os benefícios potenciais em termos de controle glicêmico, perda de peso e saúde cardiovascular valem a pena.

É importante ressaltar que, embora os análogos do GLP-1 ofereçam muitas vantagens, eles não são adequados para todos e podem ter efeitos colaterais, como náuseas e desconforto gastrointestinal, especialmente no início do tratamento. A decisão de incluir um análogo do GLP-1 em seu plano de tratamento deve ser feita em estreita colaboração com seu médico, considerando suas necessidades e objetivos individuais. Não use medicamento nenhum sem prescrição!

Medicamentos com nomes terminados em "-gliflozina"

Os medicamentos terminados em "-gliflozina" fazem parte de uma classe chamada inibidores de SGLT2 (cotransportador de sódio-glicose tipo 2). Agora foi um trava-língua, não é mesmo? Mas não se preocupe, vou traduzir isso para você! Eles representam uma abordagem inovadora no tratamento do diabetes tipo 2, introduzindo um mecanismo de ação único que não apenas ajuda a controlar os níveis de glicose no sangue, mas também oferece benefícios adicionais que vão além do manejo da glicemia.

Os inibidores de SGLT2 atuam nos rins, um dos principais órgãos envolvidos na regulação da glicose no corpo. Normalmente, os rins não deixam a glicose sair pela urina. Imagina, glicose é energia, o corpo não quer perder energia! Hoje, nós podemos obter alimento de maneira fácil, basta abrir a geladeira ou pedir uma refeição por aplicativo. No passado, não era assim! Os humanos tinham que caçar, procurar alimento, coletar frutas. Imagina, depois de todo esse trabalho, se os rins permitissem perder toda a glicose pela urina? Certamente seria um trabalho perdido.

Para driblar isso, os rins têm um mecanismo superimportante que evita a perda de glicose em condições normais. Sendo assim, nosso corpo não joga energia fora atoa! Esses medicamos são espertos, eles vão nos rins e desativam esse mecanismo. Assim, a glicose que antes não era "perdida" na urina, agora passa a passar direto pelos rins e pode ser eliminada no xixi. É como ajustar um filtro para permitir que o excesso de açúcar seja lavado, reduzindo assim os níveis de glicose no sangue.

Exemplos desses medicamentos incluem canagliflozina, dapagliflozina e empagliflozina. Um dos aspectos mais empolgantes desses medicamentos é o seu potencial para proteção cardiovascular e renal. Estudos recentes sugerem que esses medicamentos podem reduzir o risco de eventos cardiovasculares significativos, como ataques cardíacos e insuficiência cardíaca, bem como retardar a progressão da doença renal.

No entanto, como qualquer classe de medicamentos, esses também podem ter efeitos colaterais. Esses medicamentos podem aumentar o risco de infecções do trato urinário (ITU) em algumas pessoas. Como vimos, esses medicamentos funcionam ajudando o corpo a eliminar o excesso de glicose através da urina. Ao aumentar a quantidade de glicose na urina, esses medicamentos podem criar um ambiente mais propício para o crescimento de bactérias, o que, por sua vez, pode aumentar o risco de desenvolver uma infecção urinária.

Os sintomas de uma infecção urinária podem incluir necessidade urgente e frequente de urinar, dor ou queimação ao urinar, urina turva ou com sangue e dor no abdômen inferior ou nas costas. Se você está usando um medicamento da classe das gliflozinas e experimenta esses sintomas, é importante procurar aconselhamento médico. As infecções urinárias são tratáveis, mas se não forem adequadamente gerenciadas, podem levar a complicações mais sérias.

É importante ressaltar que, embora exista esse risco aumentado, os benefícios dos inibidores de SGLT2 no controle do diabetes tipo 2 — como redução da glicose sanguínea, perda de peso e, em alguns casos, benefícios cardiovasculares — podem superar os riscos para muitos pacientes. A chave é o monitoramento e a comunicação eficaz com sua equipe de saúde.

Para minimizar o risco de desenvolver infecções urinárias enquanto estiver usando um medicamento da classe das gliflozinas, medidas preventivas simples podem ser adotadas, como manter uma boa higiene pessoal, beber bastante líquidos para ajudar a eliminar bactérias do trato urinário e esvaziar a bexiga completamente ao urinar.

Como sempre, a decisão de usar qualquer medicamento deve ser tomada após uma discussão cuidadosa com seu médico, considerando todos os benefícios e riscos com base em suas condições de saúde específicas e necessidades de tratamento. Monitoramento regular e comunicação aberta com sua equipe de saúde são essenciais para gerenciar efetivamente o diabetes e minimizar o risco de efeitos colaterais, como infecções urinárias.

Pioglitazona

A pioglitazona é um medicamento que pertence à classe das glitazonas. A principal função da pioglitazona é aumentar a sensibilidade do corpo à insulina, permitindo que as células usem a glicose do sangue de maneira mais eficaz. Como funciona? Imagine que as células do corpo tenham portas que precisam ser abertas para a glicose entrar e ser usada como energia. Em pessoas com diabetes tipo 2, essas portas não funcionam bem porque a "chave" — a insulina — tem dificuldade para abrir essas portas. A pioglitazona ajuda a reparar essas fechaduras, facilitando a entrada de glicose nas células, reduzindo assim os níveis de açúcar no sangue.

Além de melhorar a sensibilidade à insulina, a pioglitazona também tem efeitos sobre os lipídios no sangue, podendo diminuir os níveis de triglicerídeos e, em alguns casos, aumentar ligeiramente o HDL (conhecido como "colesterol bom"). No entanto, é importante notar que a pioglitazona pode ter alguns efeitos colaterais e riscos associados ao seu uso, incluindo aumento de peso, edema (acúmulo de líquido) e um risco aumentado de fraturas ósseas.

Devido a esses potenciais riscos, a decisão de usar pioglitazona deve ser cuidadosamente considerada e discutida com seu médico. Ela é frequentemente prescrita para pacientes que não conseguiram controlar seus níveis de glicose no sangue com outros medicamentos, como a metformina, ou para aqueles que apresentam contraindicações a outras terapias.

Insulinas

Falar sobre insulinas é mergulhar em um dos capítulos mais fundamentais no tratamento do diabetes, tanto do tipo 1 quanto em estágios avançados do tipo 2. As insulinas são como chaves mestras que ajudam a abrir as portas das células do corpo, permitindo que a glicose entre e seja utilizada como energia. Sem insulina suficiente ou quando ela não funciona corretamente, a glicose acumula-se no sangue, levando aos altos níveis característicos do diabetes. Ela é tão importante que dediquei um capítulo inteiro só para ela. Lá você vai encontrar muitas outras informações importantes sobre esse medicamento revolucionário!

Existem vários tipos de insulina, cada um com suas particularidades em termos de início de ação, pico de eficácia e duração. Essa diversidade permite uma abordagem mais personalizada no tratamento, adaptando-se às necessidades individuais de cada pessoa com diabetes.

Insulinas de ação rápida começam a trabalhar poucos minutos após a aplicação, com um pico de ação ocorrendo geralmente dentro de uma hora. São ideais para controlar os picos de glicose que ocorrem após as refeições e são frequentemente utilizadas junto com as insulinas de ação mais longa para um controle mais completo. Exemplos incluem a insulina lispro, aspart e glulisina.

Insulinas de ação curta têm um início de ação um pouco mais lento, geralmente dentro de 30 minutos após a injeção, e podem durar até 6 horas. A insulina regular é um exemplo clássico desse tipo e é usada principalmente para gerenciar os níveis de glicose ao redor das refeições.

Insulinas de ação intermediária oferecem um controle mais prolongado da glicose, sendo úteis para manter os níveis estáveis ao longo do dia ou da noite. A insulina NPH é um exemplo, que começa a agir algumas horas após a aplicação e tem uma duração de ação que pode cobrir parte do dia ou da noite, dependendo de como é utilizada.

Insulinas de ação longa e ultralonga fornecem um perfil de ação ainda mais estendido, atuando como uma base para o controle da glicose ao longo de 24 horas ou mais, com um risco menor de hipoglicemia. Exemplos incluem insulina glargina, detemir e degludec, que ajudam a manter uma linha de base estável de glicose no sangue, reduzindo a necessidade de injeções frequentes.

A escolha da insulina, ou da combinação de insulinas, depende de vários fatores, incluindo o tipo de diabetes, os padrões de glicemia ao longo do dia, o estilo de vida, a dieta e a presença de outras condições de saúde. O objetivo é imitar o mais próximo possível o padrão natural de liberação de insulina pelo pâncreas, alcançando um equilíbrio que minimize os picos e vales nos níveis de glicose.

É fundamental que a administração de insulina seja acompanhada de monitoramento regular da glicose no sangue, ajustes na dieta e exercícios, formando um plano de tratamento coeso que permita a cada pessoa com diabetes viver sua vida plenamente e com saúde. A colaboração estreita com a equipe de saúde é essencial para ajustar as doses de insulina e otimizar o controle da glicose, garantindo o melhor resultado possível no manejo do diabetes.

Preciso tomar medicamento por injeção, estou grave?

A necessidade de tomar um medicamento por injeção pode, à primeira vista, parecer intimidadora ou levar à preocupação de que a condição seja particularmente grave. No entanto, é fundamental compreender que a forma como um medicamento é administrado - seja por via oral, como um comprimido, ou por injeção - depende principalmente das características químicas e biológicas do próprio medicamento, e não necessariamente da gravidade da doença que está sendo tratada.

Alguns medicamentos, especialmente aqueles compostos por grandes moléculas de proteínas, como a insulina, não podem ser efetivamente absorvidos pelo trato gastrointestinal se tomados por via oral. Isso ocorre porque o ambiente ácido do estômago e as enzimas digestivas podem quebrar essas moléculas antes que elas tenham a chance de alcançar a corrente sanguínea e exercer seu efeito terapêutico. Portanto, para garantir que o medicamento seja entregue de forma eficaz e segura ao corpo, ele precisa ser administrado por injeção, permitindo que ele seja absorvido diretamente na corrente sanguínea sem ser degradado.

Além disso, a administração de medicamentos por injeção pode oferecer vantagens em termos de precisão da dosagem e rapidez de ação, o que é particularmente importante em condições que requerem um controle rigoroso, como o diabetes.

Entender isso ajuda a colocar as coisas em perspectiva e a aliviar qualquer ansiedade que você possa ter sobre o uso de medicamentos injetáveis. A decisão de usar uma injeção em vez de um comprimido reflete uma estratégia cuidadosamente planejada para oferecer o melhor tratamento possível, levando em consideração a natureza do medicamento e as necessidades específicas de sua condição de saúde.

A medicina avançou extraordinariamente nas últimas décadas, e o desenvolvimento de medicamentos injetáveis é um exemplo brilhante de como a ciência pode criar soluções eficazes para desafios complexos. Portanto, se um medicamento injetável faz parte do seu plano de tratamento, veja isso como um passo positivo em direção ao gerenciamento eficaz de sua condição, equipado com as melhores ferramentas disponíveis.

Lembre-se, o mais importante é manter uma comunicação aberta com sua equipe de saúde, expressar suas preocupações e perguntas, e trabalhar juntos para encontrar o caminho que melhor atenda às suas necessidades de saúde e estilo de vida. A administração de medicamentos, seja por injeção ou via oral, é apenas uma parte de um plano de tratamento holístico projetado para ajudá-lo a viver uma vida plena e saudável.

Existe algum novo medicamento para diabetes no mercado?

No mundo em constante evolução do tratamento do diabetes, os avanços científicos e as inovações farmacêuticas continuam a trazer novas esperanças e opções para aqueles que convivem com essa condição. A pesquisa na área do diabetes é dinâmica, com cientistas, farmacêuticos e médicos trabalhando incansavelmente para desenvolver tratamentos mais eficazes, seguros e convenientes. Como resultado, de tempos em tempos, novos medicamentos são introduzidos no mercado, cada um com o potencial de melhorar significativamente a qualidade de vida das pessoas com diabetes.

Esses novos medicamentos podem oferecer várias vantagens, incluindo melhores formas de controle da glicemia, redução de riscos associados a complicações do diabetes, menos efeitos colaterais e regimes de dosagem mais convenientes. Além disso, alguns desses avanços recentes se concentram não apenas em controlar os níveis de açúcar no sangue, mas também em abordar outras questões importantes, como perda de peso e proteção cardiovascular, que são de grande interesse para muitas pessoas.

Um exemplo de inovação no tratamento do diabetes é o desenvolvimento de classes de medicamentos como os inibidores de SGLT2 (medicamentos terminados em "-gliflozina") e os análogos de GLP-1 (medicamentos em canetinhas de aplicação, geralmente), que mencionamos anteriormente. Embora não sejam exatamente "novos" no sentido estrito, esses medicamentos têm recebido atualizações e melhorias contínuas, expandindo suas indicações e benefícios para os pacientes. Além disso, a pesquisa em andamento pode levar à aprovação de novas moléculas e combinações de medicamentos que oferecem ainda mais opções para o tratamento personalizado do diabetes.

É importante destacar que, antes de serem disponibilizados ao público, todos os novos medicamentos passam por rigorosos processos de pesquisa, desenvolvimento e aprovação regulatória. Isso garante que eles sejam não apenas eficazes, mas também seguros para o uso a longo prazo. Se você está curioso sobre novos medicamentos para diabetes e se pergunta se eles podem ser adequados para você, a melhor abordagem é conversar com seu médico ou equipe de saúde. Eles podem fornecer informações atualizadas sobre os últimos avanços no tratamento do diabetes e ajudar a determinar se um novo medicamento pode ser uma adição benéfica ao seu plano de tratamento atual.

Lembrando sempre que o gerenciamento eficaz do diabetes envolve uma combinação de medicamentos, mudanças no estilo de vida, monitoramento regular da glicemia e, o mais importante, uma parceria colaborativa entre você e sua equipe de saúde. Juntos, vocês podem explorar todas as opções disponíveis, incluindo novos medicamentos, para manter seu diabetes bem controlado e viver uma vida saudável e ativa.

9.2 Efeitos colaterais dos medicamentos

Devo ficar preocupado com os efeitos colaterais?

É natural sentir-se preocupado com os possíveis efeitos colaterais dos medicamentos para diabetes, especialmente quando você está começando um novo tratamento ou ajustando o atual. Afinal, ao embarcarmos na jornada de gerenciamento do diabetes, buscamos alcançar um mar de tranquilidade, não navegar por águas turbulentas de desconforto e preocupação. No entanto, é importante colocar esses efeitos colaterais em perspectiva e abordá-los com uma visão equilibrada.

Primeiro, lembre-se de que os medicamentos são rigorosamente testados antes de serem aprovados para uso. Esse processo garante que os benefícios de tomar o medicamento superem significativamente os riscos de possíveis efeitos colaterais para a maioria das pessoas. Além disso, quando os médicos prescrevem um medicamento, eles consideram cuidadosamente a condição de saúde individual, o histórico médico e outros tratamentos em andamento, buscando sempre a opção mais segura e eficaz para cada paciente.

Ao experimentar efeitos colaterais, é crucial não apenas focar neles, mas também considerar os benefícios a longo prazo que o medicamento traz para o controle do diabetes. Manter os níveis de glicose no sangue dentro das metas recomendadas pode ajudar a prevenir complicações sérias do diabetes, como doenças cardíacas, problemas renais, danos nos nervos e problemas de visão. Nesse sentido, os medicamentos, mesmo com seus potenciais efeitos colaterais, desempenham um papel vital em ajudar a manter sua saúde no longo prazo.

Comunicar-se aberta e honestamente com sua equipe de saúde é fundamental. Se você tiver preocupações ou experimentar efeitos colaterais, compartilhe essas informações com seu médico. Em muitos casos, ajustes na dosagem, mudanças no tipo de medicamento ou estratégias para gerenciar os efeitos colaterais podem fazer uma grande diferença. Lembre-se, você e sua equipe de saúde são parceiros na gestão do diabetes, trabalhando juntos para encontrar o melhor caminho para você.

Portanto, embora seja razoável ter consciência dos efeitos colaterais e tomar medidas para monitorá-los, também é importante manter uma perspectiva positiva e proativa. Com o apoio adequado, informação e cuidados, é possível gerenciar o diabetes de forma eficaz, minimizando os riscos e maximizando sua qualidade de vida.

Eu vou ter todos os efeitos adversos descritos na bula?

Ao abrir a bula de um medicamento, é fácil ficar preocupado com a longa lista de possíveis efeitos adversos descritos. No entanto, é importante lembrar que não é garantido que você vá experimentar todos, ou mesmo qualquer um, desses efeitos colaterais. A lista na bula representa todos os efeitos observados durante os estudos clínicos do medicamento, mesmo aqueles que ocorreram raramente.

Pense na bula como um mapa detalhado, mostrando todas as possíveis rotas e condições de viagem que você pode encontrar na estrada. Assim como nem todo motorista encontrará trânsito pesado, estradas fechadas ou condições climáticas adversas em cada viagem, nem todo paciente experimentará os efeitos colaterais listados para um medicamento. Alguns podem não encontrar nenhum obstáculo, enquanto outros podem enfrentar um ou dois desvios leves.

A reação de cada pessoa a um medicamento é única, influenciada por diversos fatores, incluindo sua condição de saúde geral, outras condições médicas, medicamentos concomitantes, genética e até mesmo estilo de vida. Isso significa que, enquanto uma pessoa pode experimentar certos efeitos colaterais, outra pode não ter nenhum.

Os prescritores consideram cuidadosamente essas informações ao prescrever um tratamento, equilibrando os potenciais benefícios do medicamento contra o risco de efeitos adversos. Eles utilizam sua experiência e conhecimento para selecionar o medicamento que melhor se adapta às suas necessidades específicas, visando maximizar os benefícios enquanto minimizam os riscos.

Se você estiver preocupado com os efeitos colaterais de um medicamento, converse abertamente com sua equipe de saúde. Eles podem oferecer conselhos práticos sobre como gerenciar ou potencialmente evitar efeitos colaterais e ajustar seu plano de tratamento conforme necessário para garantir que você esteja recebendo o cuidado mais eficaz e confortável possível.

Devo ficar lendo a bula dos medicamentos?

Ler a bula dos medicamentos pode ser como desvendar um manual complexo, repleto de informações técnicas e detalhes que, à primeira vista, parecem mais confundir do que esclarecer. No entanto, dedicar um tempo para entender a bula de um medicamento é um passo importante no autocuidado e na gestão da sua saúde, especialmente quando se trata de condições crônicas como o diabetes.

A bula contém informações cruciais, como a composição do medicamento, para que ele serve, como deve ser usado, as doses recomendadas e, claro, os possíveis efeitos colaterais. Ao lê-la, você se arma com conhecimento sobre como o medicamento funciona, o que esperar durante o tratamento e como maximizar sua eficácia enquanto minimiza os riscos.

Entretanto, é compreensível que as informações contidas na bula possam, às vezes, provocar ansiedade ou preocupação, especialmente quando se trata dos efeitos colaterais. É aqui que a importância de uma comunicação aberta e honesta com sua equipe de saúde se destaca. Eles podem ajudá-lo a interpretar as informações de forma que faça sentido para sua situação individual, esclarecendo dúvidas e ajudando a diferenciar entre o que é comum e o que é raro, o que é sério e o que é apenas um incômodo passageiro.

Além disso, sua equipe de saúde pode oferecer orientações personalizadas que vão além da bula, considerando seu histórico médico, outras condições de saúde e tratamentos em andamento. Eles podem aconselhar sobre como gerenciar possíveis efeitos colaterais e o que fazer se você os experimentar, garantindo que você se sinta apoiado e seguro durante seu tratamento.

Portanto, sim, você pode ler a bula dos seus medicamentos, mas faça-o como parte de um diálogo contínuo com sua equipe de saúde. Use a bula como ponto de partida para conversas informadas sobre seu tratamento, nunca hesitando em buscar esclarecimentos ou expressar preocupações. Lembre-se, no gerenciamento do diabetes, como em qualquer jornada de saúde, você não está sozinho. Seu médico, enfermeiro, farmacêutico e outros profissionais de saúde são companheiros valiosos, prontos para guiá-lo através das informações e ajudá-lo a tomar as melhores decisões para seu bem-estar.

Li a bula e agora estou com medo de tomar o remédio, e agora?

Entendo perfeitamente que ler a bula de um medicamento e se deparar com uma longa lista de possíveis efeitos colaterais pode ser uma experiência preocupante e até assustadora. Você abre a bula buscando informações e orientações, mas às vezes pode se sentir mais confuso e ansioso do que antes. Quero que saiba que esses sentimentos são completamente normais e válidos. Você não está sozinho nessa.

A bula é projetada para fornecer um panorama completo e transparente sobre o medicamento, incluindo todos os efeitos colaterais possíveis que foram observados em estudos clínicos. No entanto, é importante lembrar que não significa que você vai experimentar esses efeitos. Muitos desses efeitos são raros, e a lista é uma precaução para garantir que os pacientes e profissionais de saúde estejam cientes de todas as possibilidades.

Se a leitura da bula deixou você apreensivo em tomar o medicamento prescrito, o primeiro passo é conversar abertamente sobre suas preocupações com seu médico ou farmacêutico. Eles podem oferecer a perspectiva e o contexto necessários para entender melhor os riscos e benefícios do medicamento em sua situação específica. Muitas vezes, o profissional pode esclarecer dúvidas, tranquilizá-lo sobre a probabilidade de efeitos colaterais e discutir como gerenciá-los ou até mesmo oferecer alternativas, se necessário.

Lembre-se de que o objetivo do tratamento é melhorar sua qualidade de vida e ajudar no controle do diabetes, evitando complicações a longo prazo. Seu médico prescreveu esse medicamento considerando que os benefícios para você superam os riscos potenciais. No entanto, o tratamento do diabetes é muito pessoal e deve se adequar às suas necessidades e estilo de vida, o que inclui se sentir confortável e seguro com os medicamentos que está tomando.

Por último, mas não menos importante, informe-se. Às vezes, o medo vem do desconhecido. Educar-se sobre o diabetes e seu tratamento, através de fontes confiáveis e conversas com profissionais de saúde, pode ajudá-lo a se sentir mais no controle e menos temeroso. Lidar com o diabetes é um percurso, e cada passo, mesmo os que nos fazem hesitar, nos leva a um maior entendimento e manejo da nossa saúde. Estamos juntos nessa jornada, e sua equipe de saúde está aqui para segurar sua mão em cada etapa do caminho.

Devo parar de tomar um medicamento por causa do efeito adverso?

A decisão de parar de tomar um medicamento devido a um efeito adverso é uma que deve ser feita com grande cuidado e em estreita colaboração com sua equipe de saúde. Imagine que cada medicamento é uma chave desenhada para abrir uma porta específica no tratamento da sua condição de saúde. Ao mesmo tempo, algumas dessas chaves podem, inadvertidamente, abrir portas que levam a efeitos indesejados. Quando isso acontece, é natural ponderar se continuar o tratamento vale a pena.

Antes de tomar qualquer decisão, é crucial considerar a natureza e a severidade do efeito adverso que você está experimentando. Efeitos leves, como uma leve náusea ou dor de cabeça, podem ser temporários e se resolver sozinhos à medida que seu corpo se ajusta ao medicamento. Nesses casos, pode ser aconselhável ter paciência e seguir as orientações de sua equipe de saúde sobre como aliviar esses sintomas.

Por outro lado, efeitos colaterais mais sérios ou que impactam significativamente sua qualidade de vida exigem atenção imediata. No entanto, mesmo nesses casos, parar de tomar o medicamento abruptamente sem consultar um profissional de saúde pode não ser a melhor opção. Muitas condições de saúde, especialmente o diabetes, precisam de uma gestão cuidadosa e interromper um tratamento sem uma estratégia alternativa pode levar a consequências graves.

A chave é a comunicação. Discuta abertamente com seu prescritor sobre os efeitos adversos que você está enfrentando. Eles podem oferecer soluções que você não considerou, como ajustar a dose, mudar o horário de administração do medicamento ou até mesmo trocar por um medicamento diferente que seja melhor tolerado pelo seu organismo. Em muitos casos, existem alternativas disponíveis que podem ser igualmente eficazes sem os efeitos colaterais problemáticos.

Lembre-se, seu plano de tratamento deve se adaptar às suas necessidades individuais, buscando sempre o equilíbrio entre eficácia e qualidade de vida. Parar um medicamento pode, às vezes, ser a decisão correta, mas essa decisão deve sempre ser informada e apoiada por orientação profissional. Sua saúde e bem-estar são a prioridade máxima, e ajustes no tratamento são parte normal do processo de encontrar o regime mais adequado para você.

Em resumo, evite tomar a decisão de parar um medicamento por conta própria com base nos efeitos adversos. Use esses momentos como oportunidades para dialogar com sua equipe de saúde e explorar todas as opções disponíveis para garantir que seu tratamento para o diabetes seja tanto eficaz quanto confortável para você.

9.3 Insulina e seu uso

O que é a insulina?

Imagine a insulina como uma chave mágica. Em um mundo ideal, essa chave abre portas dentro do nosso corpo, permitindo que a glicose, um tipo de açúcar que obtemos dos alimentos, entre nas células para ser transformada em energia. Essa energia é o que nos permite fazer tudo: desde respirar e caminhar até pensar e sonhar. Expliquei isso em detalhes no início do livro, quando falamos sobre o que é o diabetes! Vale a pena conferir!

Nosso corpo precisa dessa energia constantemente, assim como um carro precisa de gasolina para rodar. A glicose circula no sangue e espera a permissão para entrar nas células. Aqui é onde a insulina entra em cena: ela é produzida por um órgão chamado pâncreas, que, percebendo a presença de glicose no sangue, libera a insulina. Esta atua como uma chave, se ligando a receptores nas células e "abrindo" as portas para que a glicose possa entrar. Sem essa chave, a glicose fica "presa" no sangue, e as células não recebem a energia de que precisam.

No diabetes tipo 1, o corpo não produz insulina suficiente. É como ter portas trancadas sem chaves disponíveis. Isso significa que pessoas com diabetes tipo 1 precisam de insulina externa para ajudar a abrir essas portas, permitindo que a glicose entre nas células e seja usada como energia.

No diabetes tipo 2, a situação é um pouco diferente. O corpo ainda produz insulina, mas as chaves não funcionam bem nas fechaduras; as células se tornaram resistentes à ação da insulina. Isso é conhecido como resistência à insulina. Com o tempo, o pâncreas também pode começar a produzir menos insulina. Nesse caso, pode ser necessário tomar medicamentos orais ou insulina para ajudar a "corrigir" as chaves defeituosas ou fornecer chaves adicionais, garantindo que a glicose possa entrar nas células.

Portanto, a insulina é um hormônio essencial para o nosso bem-estar, agindo como um facilitador crucial para o uso de glicose, a fonte primária de energia do corpo. Compreender seu papel ajuda a entender por que o manejo adequado do diabetes é tão importante e por que a insulina é literalmente vital para muitas pessoas.

Como a insulina foi descoberta?

Antes da descoberta da insulina, o diagnóstico de diabetes era frequentemente uma sentença de morte. A vida para aqueles diagnosticados com a condição era sombria e cheia de desafios insuperáveis. Naquela época, as opções de tratamento eram extremamente limitadas e, na maioria das vezes, ineficazes. Os pacientes eram submetidos a dietas rigorosas e extremamente restritivas, que apenas conseguiam prolongar um pouco a vida, mas com uma qualidade muito pobre. A inevitabilidade da doença avançando para complicações fatais pairava constantemente sobre a cabeça de pacientes e médicos.

Neste cenário desolador, a descoberta da insulina em 1921 pelos cientistas canadenses Frederick Banting e Charles Best, sob a orientação de John Macleod na Universidade de Toronto, surgiu como um feixe de luz na escuridão. A história conta que Banting, um cirurgião, teve a ideia que conduziria à descoberta da insulina a partir de um sonho. Ele teorizou que seria possível extrair a substância responsável pelo controle da glicose no sangue do pâncreas de cães. Junto com Best, eles realizaram experimentos que provaram ser bem-sucedidos, e a primeira injeção de insulina foi administrada a um ser humano, Leonard Thompson, um jovem de 14 anos, em janeiro de 1922.

O impacto dessa descoberta foi monumental e imediato. Pacientes à beira da morte por causa do diabetes tipo 1 foram trazidos de volta à vida. As imagens de antes e depois de crianças, antes definhadas pela doença e depois recuperadas, são testemunhos poderosos do milagre que a insulina representou. Foi uma revolução no tratamento do diabetes, transformando-o de uma doença fatal em uma condição gerenciável.

Banting e Macleod receberam o Prêmio Nobel de Fisiologia ou Medicina em 1923 por sua descoberta, um reconhecimento que Banting compartilhou com Best, reconhecendo sua contribuição crucial. Mais do que uma descoberta científica, a insulina representou uma nova esperança para milhões de pessoas em todo o mundo.

Hoje, quase um século depois, a insulina continua a ser uma salvação para aqueles que vivem com diabetes, especialmente o tipo

1. A evolução das formulações de insulina e dos métodos de administração melhorou significativamente a qualidade de vida dos pacientes. No entanto, a história de sua descoberta permanece um lembrete humilde das jornadas pessoais de perseverança, da paixão pela ciência e do desejo de fazer a diferença na vida das pessoas. A insulina é mais do que um medicamento; é um símbolo de esperança, um testemunho do potencial humano para enfrentar os desafios mais difíceis e emergir vitorioso.

Como a insulina é fabricada?

Essa é uma pergunta maravilhosa! Aprender sobre isso é muito interessante! Historicamente, antes do desenvolvimento da tecnologia que temos hoje, nas décadas do século XX, a insulina usada para tratar o diabetes era extraída dos pâncreas de animais, principalmente de porcos e bois. Essa insulina de origem animal era eficaz, mas algumas pessoas podiam desenvolver uma reação alérgica ou resistência a ela, devido às pequenas diferenças na estrutura da insulina animal comparada à insulina humana.

A revolução veio com a capacidade de produzir insulina humana sintética em laboratório. Na década de 1980, cientistas conseguiram utilizar uma tecnologia muito especial, chamada DNA recombinante, para inserir o gene humano responsável pela produção de insulina em bactérias ou leveduras. O gene é como se fosse um livro de receitas! Então, os cientistas pegaram a receita de insulina que o corpo humano sabe fazer e passou essa receita para bactérias ou leveduras. Dessa forma, essas bactérias "aprenderam" como se faz a nossa insulina! Eu acho isso fantástico e um feito maravilhoso das ciências farmacêuticas! Esses microrganismos, agora capazes de produzir insulina idêntica à humana, se tornaram pequenas fábricas de insulina. Este processo permite a produção de insulina em grande escala, que é purificada e usada para tratar pacientes com diabetes, eliminando praticamente os riscos de reações alérgicas associadas à insulina de origem animal. Graças a isso, hoje a insulina é produzida de forma "parecida" com que é produzido vinho ou cerveja, em tanques de aço inoxidável e em larga escala. Uma maravilha!

Portanto, a insulina usada hoje em tratamentos é predominantemente sintética, produzida por meio de técnicas avançadas de engenharia genética, e não vem de animais diretamente. Essa inovação não apenas melhorou a segurança e a eficácia do tratamento com insulina, mas também garantiu que a insulina seja amplamente disponível para aqueles que precisam dela para controlar o diabetes. É um exemplo brilhante de como a ciência e a tecnologia podem transformar vidas, proporcionando soluções seguras e eficazes para condições crônicas de saúde.

Por que existem tantos tipos de insulina?

Ao embarcar na jornada de compreender o diabetes e seu tratamento, muitas pessoas se deparam com a surpreendente variedade de insulinas disponíveis. Essa diversidade pode inicialmente parecer um labirinto complicado. No entanto, há uma razão muito humana e prática para a existência de tantos tipos de insulina: cada pessoa com diabetes é única, com necessidades, estilos de vida e respostas ao tratamento que variam amplamente.

Pense na insulina como uma peça de vestuário. Assim como uma única peça de roupa não serve para todos os tipos de corpo, climas ou ocasiões, um único tipo de insulina não pode atender a todas as necessidades metabólicas das pessoas com diabetes. A medicina, em sua essência, busca personalizar o tratamento para cada indivíduo, e a disponibilidade de diferentes tipos de insulina é um reflexo desse princípio.

Há insulinas de ação rápida, projetadas para serem tomadas imediatamente antes de uma refeição, imitando a maneira como a insulina natural do corpo reage ao consumo de alimentos. Elas agem rapidamente para ajudar a controlar o pico de glicose no sangue que ocorre após comer. Por outro lado, temos insulinas de ação prolongada, que fornecem uma cobertura de fundo mais constante de insulina, ajudando a manter os níveis de glicose estáveis ao longo do dia e da noite, independentemente das refeições.

Além disso, existem insulinas de ação intermediária e as insulinas pré-misturadas, que combinam diferentes tipos em uma única injeção para cobrir as necessidades de insulina tanto imediatas quanto prolongadas. Essa variedade permite que as pessoas com diabetes e seus médicos elaborem um regime de tratamento que melhor se adapte ao padrão de vida, aos hábitos alimentares e às variações individuais na forma como cada organismo responde à insulina.

A evolução dos tipos de insulina ao longo dos anos é também um testemunho do progresso científico e do compromisso contínuo em melhorar a qualidade de vida das pessoas com diabetes. Cada nova geração de insulina procura oferecer melhorias em termos de controle glicêmico, conveniência, redução do risco de hipoglicemia e efeitos colaterais.

Portanto, a existência de tantos tipos de insulina é uma bênção, não um fardo. Ela oferece a flexibilidade necessária para personalizar o tratamento, buscando um equilíbrio entre eficácia, segurança e qualidade de vida. No final das contas, o objetivo é proporcionar às pessoas com diabetes a liberdade e o controle para viverem suas vidas da forma mais saudável e plena possível, com o diabetes sendo apenas uma parte do que as define.

Tenho medo da insulina, e agora?

É completamente natural sentir medo ou ansiedade ao enfrentar a perspectiva de iniciar a terapia com insulina. Esses sentimentos podem surgir por diversos motivos: medo das injeções em si, preocupação com os efeitos colaterais, ou até mesmo o que o uso da insulina representa em termos da progressão do diabetes. Quero que saiba que suas preocupações são válidas, mas também quero assegurar-lhe que há caminhos para enfrentar e superar esses medos.

Primeiramente, lembre-se de que a insulina é um tratamento que salva vidas e melhora significativamente a qualidade de vida para muitas pessoas com diabetes. Ela não é um sinal de que você falhou no manejo do diabetes ou que sua condição piorou irreversivelmente. Ao contrário, o uso da insulina é uma ferramenta poderosa para manter seu diabetes sob controle e prevenir complicações a longo prazo.

Se o medo das injeções é o que mais preocupa, é útil saber que os dispositivos de aplicação de insulina evoluíram muito. As agulhas são muito finas e projetadas para minimizar o desconforto ao máximo. Muitas pessoas relatam que o medo inicial diminui significativamente após as primeiras aplicações, uma vez que percebem que o processo é rápido e geralmente menos doloroso do que imaginavam.

Além disso, existem estratégias que você pode adotar para tornar o processo mais fácil, como técnicas de relaxamento ou mudar o local da injeção para evitar desconforto. Sua equipe de saúde pode fornecer treinamento sobre como aplicar insulina corretamente, além de oferecer suporte emocional para ajudá-lo a se sentir mais confiante e confortável com o tratamento.

Por fim, buscar apoio de outras pessoas que estão passando pela mesma situação pode ser incrivelmente reconfortante. Grupos de apoio, seja presencialmente ou online, oferecem a oportunidade de compartilhar experiências, dicas e encorajamento. Ouvir como outros lidaram com seus medos pode inspirar e motivar. O medo da insulina é uma reação normal, mas com informação, apoio e prática, você descobrirá que pode gerenciar esse aspecto do seu tratamento de forma eficaz.

Eu preciso mesmo tomar insulina?

A necessidade de tomar insulina depende de vários fatores relacionados ao seu tipo de diabetes, ao estágio da doença, à sua resposta a outros tratamentos e ao seu estilo de vida. Vamos desvendar essa questão para entender melhor quando e por que a insulina pode ser necessária.

Para pessoas com diabetes tipo 1, a resposta é sim. O diabetes tipo 1 é uma condição autoimune na qual o pâncreas deixa de produzir insulina suficiente, uma vez que as células responsáveis por sua produção são destruídas pelo próprio sistema imunológico do corpo. Nesse caso, a insulina é vital e deve ser administrada diariamente para manter os níveis de glicose no sangue sob controle e fornecer ao corpo a energia de que precisa para funcionar.

No caso do diabetes tipo 2, a situação pode ser mais variável. Inicialmente, o diabetes tipo 2 pode ser gerenciado com mudanças na dieta, aumento da atividade física e, possivelmente, com medicamentos orais que ajudam a melhorar a sensibilidade do corpo à insulina ou a estimular o pâncreas a produzir mais insulina. No entanto, com o tempo, o pâncreas pode começar a produzir menos insulina, ou o corpo pode se tornar mais resistente à insulina disponível. Nesses casos, a insulina injetável pode ser adicionada ao plano de tratamento para ajudar a manter os níveis de glicose no sangue dentro das metas recomendadas.

A decisão de iniciar a terapia com insulina é tomada com base em cuidadosa consideração por você e sua equipe de saúde. Eles avaliarão sua situação individual, incluindo: seus níveis atuais de glicose no sangue e o quão bem eles estão sendo controlados com o tratamento atual, sua capacidade de aderir a mudanças no estilo de vida e o impacto dessas mudanças nos níveis de glicose, sua resposta a medicamentos orais para o diabetes e se eles ainda são eficazes, seus objetivos de tratamento e preferências pessoais.

Se você tem dúvidas ou preocupações sobre tomar insulina, converse abertamente com sua equipe de saúde. Eles podem fornecer informações, apoio e orientação para ajudá-lo a tomar a decisão mais informada e confortável para você. Lembre-se, o objetivo é garantir que você tenha a melhor qualidade de vida possível enquanto gerencia seu diabetes.

Preciso de insulina, então meu caso é grave?

A necessidade de usar insulina no tratamento do diabetes não é, por si só, um indicativo de que seu caso é "grave". Essa é uma concepção comum, mas é importante entender que o diabetes é uma condição complexa e o tratamento com insulina é apenas uma das várias ferramentas disponíveis para gerenciá-la eficazmente.

No diabetes tipo 1, o pâncreas não produz insulina porque o sistema imunológico ataca e destrói as células que a fabricam. Portanto, a insulina é essencial desde o início para sobreviver e manter os níveis de glicose no sangue controlados. Neste caso, o uso de insulina reflete a natureza da condição, e não a gravidade da doença.

Já no diabetes tipo 2, a situação é um pouco diferente. Neste tipo, o corpo ainda produz insulina, mas as células tornam-se resistentes à sua ação, ou o pâncreas não produz insulina suficiente para atender às necessidades do corpo. Inicialmente, o tratamento pode focar em mudanças no estilo de vida e medicamentos orais para melhorar a sensibilidade à insulina ou estimular o pâncreas a produzir mais insulina. No entanto, com o tempo, o pâncreas pode se tornar menos capaz de produzir insulina, e a insulina injetável pode ser necessária para manter os níveis de glicose no sangue sob controle.

Iniciar o tratamento com insulina pode ser um sinal de que seu médico está adotando uma abordagem proativa para evitar complicações do diabetes, mantendo seus níveis de glicose o mais próximo possível do normal. Pode ser também uma estratégia para alcançar um controle glicêmico mais rigoroso ou para tratar o diabetes de forma mais eficaz em determinadas situações, como durante a gravidez ou em casos de doença ou estresse significativos.

É compreensível que o início da terapia com insulina possa causar preocupação ou ansiedade, mas é importante ver isso como um passo positivo em direção a um controle mais efetivo do diabetes. A insulina é uma ferramenta poderosa que pode ajudar a melhorar significativamente a qualidade de vida das pessoas com diabetes, permitindo-lhes viver vidas longas e saudáveis.

Lembre-se de que o gerenciamento eficaz do diabetes é uma jornada contínua, que pode exigir ajustes no plano de tratamento ao longo do tempo. Trabalhar em estreita colaboração com sua equipe de saúde, fazer perguntas e expressar suas preocupações irá ajudá-lo a entender melhor seu tratamento e a se sentir mais confiante em sua capacidade de gerenciar sua condição.

Por que não tem insulina em comprimido?

A ideia de uma insulina em forma de comprimido é atraente para muitas pessoas que convivem com diabetes, principalmente devido à conveniência e ao desejo de evitar injeções. No entanto, existem razões específicas pelas quais a insulina, até o momento, não está disponível em forma de comprimido.

A insulina é um hormônio feito de proteínas (proteico), e como tal, se fosse tomada pela boca com comprimidos, seria digerida pelos ácidos e enzimas no estômago, assim como as proteínas (carnes) que comemos na nossa dieta. Isso significa que a insulina seria decomposta antes de ter a chance de entrar na corrente sanguínea e exercer seu efeito de reduzir os níveis de glicose no sangue. Então, a injeção tem mais a ver com a insulina do que com você ou com a gravidade do caso do diabetes.

Além disso, mesmo que a insulina conseguisse passar intacta pelo estômago, a barreira do intestino delgado representaria outro desafio significativo. As proteínas grandes têm dificuldade para atravessar a parede intestinal e entrar na circulação de maneira eficaz. Assim, a administração oral de insulina não seria capaz de garantir que quantidades adequadas do hormônio alcançassem os tecidos-alvo para regular a glicose no sangue.

Diante desses desafios, a insulina é administrada através de injeções subcutâneas, que permitem que ela seja absorvida diretamente na corrente sanguínea e comece a agir rapidamente. As injeções de insulina têm sido uma revolução no tratamento do diabetes, permitindo um controle eficaz dos níveis de glicose no sangue e prevenindo complicações a longo prazo associadas à doença.

No entanto, a ciência e a pesquisa farmacêutica estão constantemente evoluindo, e os cientistas têm explorado várias abordagens para desenvolver uma forma de insulina que possa ser administrada oralmente. Isso inclui o uso de tecnologias inovadoras para proteger a insulina à medida que ela passa pelo estômago e para facilitar sua absorção pelo intestino. Embora progressos tenham sido feitos, ainda não há uma insulina oral disponível no mercado que seja tão eficaz e confiável quanto as formas injetáveis.

A perspectiva de uma insulina em comprimido continua a ser um campo de intensa pesquisa, com o potencial de transformar ainda mais o manejo do diabetes no futuro. Até lá, a insulina injetável permanece uma ferramenta vital e eficaz para muitas pessoas na gestão de seus níveis de glicose no sangue.

Eu consigo insulina pelo SUS?

Sim, você pode conseguir insulina pelo Sistema Único de Saúde (SUS) no Brasil. O SUS oferece uma ampla gama de serviços de saúde, incluindo o fornecimento de medicamentos essenciais para o tratamento de diversas condições, e o diabetes não é exceção. O acesso à insulina pelo SUS é parte do compromisso do sistema de saúde pública em prover cuidados integrais aos pacientes com diabetes, visando o controle da doença e a prevenção de suas complicações.

Para ter acesso à insulina pelo SUS, o primeiro passo é procurar atendimento médico em uma unidade de saúde da sua região. Lá, você passará por uma avaliação médica, na qual o profissional de saúde confirmará a necessidade do uso de insulina como parte do seu tratamento para diabetes. Com a prescrição médica em mãos, você será orientado sobre como proceder para retirar o medicamento.

Geralmente, a insulina e outros medicamentos para diabetes são disponibilizados nas farmácias vinculadas ao SUS ou em centros de distribuição de medicamentos especializados. É importante estar atento às orientações locais, pois o processo pode variar de um município para outro. Além disso, você precisará apresentar a prescrição médica, um documento de identificação e, em alguns casos, um cadastro no sistema de saúde local.

O SUS busca garantir a continuidade do tratamento, por isso é essencial manter suas consultas e exames em dia, conforme a orientação da equipe de saúde que o acompanha. Eles não apenas fornecerão a insulina, mas também oferecerão suporte para o monitoramento e manejo do diabetes, incluindo acesso a insumos para aplicação de insulina e monitoramento da glicemia.

Se você tiver dúvidas sobre como acessar insulina ou outros tratamentos para diabetes pelo SUS, não hesite em conversar com seu médico ou com a equipe de saúde da unidade onde você é atendido. Eles poderão fornecer informações detalhadas e orientações específicas sobre os recursos disponíveis na sua região. Lembre-se, o acesso a tratamentos adequados, incluindo insulina, é um direito seu, e o SUS está estruturado para fornecer esse suporte. Trabalhando em parceria com sua equipe de saúde, é possível gerenciar o diabetes de forma eficaz e manter uma boa qualidade de vida. Viva o SUS!

Como devo guardar a insulina?

Quando você vai comprar ou pegar sua insulina na farmácia, é comum o farmacêutico a colocar em um isopor com gelo artificial para ser levada para sua casa. Parece bobagem, mas muitos pacientes chegam e casa e pensam: onde que tem gelo na minha casa? No congelador, óbvio. E, por pura lógica, colocam a insulina no congelador. Porém, isso é um erro, pois a insulina que já foi congelada para de funcionar. O farmacêutico coloca a insulina no gelo artificial e isopor só para ela ficar fresquinha até chegar na sua casa. Mas na sua casa, você precisa tomar outros cuidados para armazená-la!

Portanto, não, você não deve colocar a insulina no congelador. A maneira correta de armazenar a insulina depende do tipo de insulina e das instruções específicas do fabricante, mas aqui vão algumas diretrizes gerais:

Insulina não utilizada: frascos, canetas ou cartuchos de insulina que ainda não foram abertos devem ser armazenados na geladeira, a uma temperatura entre 2°C e 8°C. Isso ajuda a preservar a eficácia do medicamento até a data de validade indicada na embalagem. Para chegar nessa temperatura, você precisa deixar a insulina no meio da geladeira, sem encostar nas laterais. Outro ponto interessante é deixar no mesmo compartimento onde você deixa vegetais, que ele é menos frio.

Insulina em uso: uma vez que você comece a usar um frasco, caneta ou cartucho de insulina, muitos tipos podem ser mantidos em temperatura ambiente (até cerca de 25°C a 30°C) por um determinado período, que geralmente varia de 28 a 30 dias, dependendo do fabricante. Manter a insulina em uso em temperatura ambiente pode diminuir o desconforto na aplicação, já que a insulina fria pode causar uma sensação desagradável quando injetada. Mas atenção: o Brasil é um país tropical! Esse é um fato curioso que impacta o armazenamento da insulina aqui nas nossas terras. Enquanto uma pessoa que mora em uma cidade mais fria, como Curitiba e São Paulo, consiga manter a insulina em uso fora da geladeira com mais tranquilidade, uma pessoa que vive em Teresina, Rio Branco ou Fortaleza, pode precisar de colocar a insulina em um local mais fresco – nessas cidades a temperatura pode passar de 30° C com muita facilidade.

É importante evitar expor a insulina a temperaturas extremas, seja muito quente ou muito frio. Não deixe a insulina em locais como o porta-luvas do carro, banheiros (onde pode se tornar muito úmido), ou perto de janelas com luz solar direta. Essas condições podem degradar a insulina, afetando sua potência. Lembrar dessas simples diretrizes de armazenamento pode ajudar a garantir que a insulina faça seu trabalho efetivamente, mantendo seus níveis de glicose no sangue dentro das metas desejadas.

A insulina causa dependência?

Não, a insulina não causa dependência, pelo menos não da forma que você está imaginando. Essa preocupação é compreensível, especialmente quando estamos falando de iniciar um tratamento que parece ser para toda a vida. Mas é importante diferenciar entre a dependência, que está associada a substâncias que causam alterações comportamentais e psicológicas levando à necessidade compulsiva de uso, e a necessidade médica de uma substância para manter o corpo funcionando adequadamente.

A insulina é um hormônio naturalmente produzido pelo pâncreas e é essencial para regular os níveis de glicose (açúcar) no sangue. Para pessoas com diabetes, especialmente aquelas com diabetes tipo 1, o corpo não produz insulina suficiente (ou não produz insulina de todo). Sem insulina, a glicose acumula-se no sangue, o que pode levar a uma série de complicações graves de saúde a longo prazo. Então, o paciente pode sim precisar de usar a insulina para a vida toda!

Porém, quando falamos em "necessidade" de insulina para pessoas com diabetes, estamos nos referindo à necessidade médica de substituir ou suplementar a insulina que seus corpos não podem produzir em quantidades adequadas. Isso é feito para manter os níveis de glicose no sangue dentro de um intervalo saudável e prevenir complicações. Não se trata de um desejo ou compulsão pelo uso da insulina, mas sim de uma parte essencial do manejo do diabetes.

Iniciar a terapia com insulina pode ser uma mudança significativa no tratamento do diabetes, mas é uma ferramenta poderosa que ajuda a controlar a condição e a manter uma boa qualidade de vida. É completamente normal ter preocupações e dúvidas ao iniciar um novo tratamento, mas é importante lembrar que a insulina é um componente vital e benéfico do manejo do diabetes para muitas pessoas.

Insulina engorda?

Muitas pessoas se preocupam com a possibilidade de ganhar peso ao iniciar o tratamento com insulina, e essa é uma questão válida a ser explorada. Entender como a insulina funciona e seu papel no corpo pode ajudar a esclarecer por que algumas pessoas podem notar uma mudança no peso quando começam a usá-la.

A insulina é fundamental para o manejo da glicose (açúcar) no sangue, permitindo que as células do corpo a utilizem como energia. Quando você tem diabetes, especialmente diabetes tipo 1, e começa a usar insulina, o corpo finalmente consegue processar a glicose adequadamente. Isso pode levar a uma mudança nos padrões de peso, especialmente se, antes de iniciar o tratamento, você estava perdendo peso devido à incapacidade do corpo de usar glicose sem insulina suficiente.

Além disso, a insulina ajuda a regular o armazenamento de gordura no corpo. Quando as células têm acesso à glicose que precisam para energia, qualquer excesso pode ser armazenado como gordura. Portanto, ao começar a terapia com insulina e normalizar os níveis de glicose no sangue, pode haver um aumento no peso corporal para algumas pessoas. No entanto, esse ganho de peso pode ser gerenciado com ajustes na dieta, no regime de exercícios e, às vezes, com a ajuda de seu médico ou nutricionista para ajustar a dose de insulina ou outros aspectos do seu plano de tratamento.

É importante lembrar que o objetivo principal da terapia com insulina é manter os níveis de glicose no sangue dentro de um intervalo saudável, reduzindo o risco de complicações a longo prazo do diabetes. O manejo do peso é uma parte importante do tratamento do diabetes, mas deve ser equilibrado com a necessidade de controlar adequadamente a glicose no sangue. Além disso, o tratamento do diabetes é personalizado para cada indivíduo, e sua equipe de saúde está lá para apoiá-lo em cada etapa do caminho, garantindo que você possa gerenciar tanto o diabetes quanto o seu peso de forma eficaz.

Tenho medo de agulhas e de me furar, e agora?

O medo de agulhas é uma preocupação muito comum e totalmente compreensível, especialmente se você está enfrentando a perspectiva de iniciar um tratamento que envolve injeções regulares, como a terapia com insulina para o diabetes. Quero que saiba que você não está sozinho nesse sentimento e que existem várias estratégias e recursos disponíveis para ajudá-lo a lidar com esse medo, tornando o processo de autoinjeção mais fácil e menos intimidador.

Primeiro, é importante reconhecer e aceitar seus sentimentos. O medo de agulhas, conhecido como tripanofobia, é real e pode ser bastante desafiador. No entanto, com o apoio certo e abordagens adequadas, muitas pessoas conseguem superar ou, pelo menos, gerenciar esse medo de forma eficaz.

Uma etapa útil é se educar sobre as técnicas de injeção e os tipos de dispositivos disponíveis. As agulhas usadas hoje em dia para injeções de insulina são muito finas e projetadas para minimizar o desconforto. Existem também canetas de insulina e bombas de insulina que tornam o processo mais simples e menos doloroso.

Familiarizar-se com esses dispositivos e como eles funcionam pode ajudar a reduzir a ansiedade.

Treinamento e prática sob orientação de um profissional de saúde também podem fazer uma grande diferença. Muitas clínicas, farmácias e hospitais oferecem treinamento sobre como aplicar injeções de forma segura e confortável. Praticar com um profissional pode ajudá-lo a ganhar confiança e habilidade, tornando o processo menos assustador.

Além disso, existem técnicas psicológicas e de relaxamento que podem ajudar a acalmar a mente e o corpo antes das injeções. Respiração profunda, visualização positiva e técnicas de distração são algumas das estratégias que você pode experimentar.

Outro aspecto importante é o apoio emocional. Compartilhar suas preocupações com amigos, familiares ou um grupo de apoio pode proporcionar conforto e compreensão. Às vezes, saber que outras pessoas entendem pelo que você está passando e ouvir como elas lidaram com situações semelhantes pode ser incrivelmente encorajador. Lembre-se, levará tempo para se ajustar ao novo regime de tratamento, e está tudo bem pedir ajuda.

Por fim, focar no objetivo maior — gerenciar eficazmente o seu diabetes e manter sua saúde — pode ajudar a colocar esses desafios em perspectiva. Com o tempo, a aplicação de insulina pode se tornar uma parte rotineira do seu dia, assim como outras atividades de autocuidado.

Como lidar com a ansiedade de injetar insulina todos os dias?

Lidar com a ansiedade de injetar insulina todos os dias é um desafio comum para muitas pessoas. A ideia de ter que administrar injeções diárias pode ser assustadora inicialmente, mas há estratégias que podem ajudar a tornar esse processo menos intimidador e mais uma parte natural da sua rotina diária.

Primeiro, é importante reconhecer e aceitar seus sentimentos. A ansiedade é uma resposta natural diante de algo que parece difícil ou desconfortável. Permita-se sentir o que está sentindo, mas também se lembre de que você é capaz de aprender e se adaptar a essa nova habilidade que é vital para o seu bem-estar.

Uma abordagem útil é se familiarizar com o processo de injeção. Isso pode incluir aprender sobre os diferentes tipos de insulina, entender como usar uma caneta de insulina ou seringa e conhecer as técnicas de injeção recomendadas. Muitas farmácias, clínicas e hospitais oferecem sessões de treinamento com profissionais de saúde que podem demonstrar a técnica correta, responder a perguntas e oferecer apoio. Praticar sob a orientação de um profissional pode aumentar sua confiança.

Além disso, técnicas de relaxamento e respiração podem ser muito eficazes para reduzir a ansiedade. Antes de aplicar a insulina, tente fazer alguns exercícios de respiração profunda ou visualize um lugar tranquilo e sereno para ajudar a acalmar sua mente. Criar um ambiente relaxante, com sua música favorita ou em um espaço tranquilo, também pode ajudar.

Outra estratégia é começar pequeno e comemorar cada sucesso. Cada injeção que você administra é um passo em direção a um controle eficaz do diabetes. Reconheça seu esforço e progresso, e lembre-se de que se tornará mais fácil com o tempo e a prática.

Conectar-se com outras pessoas que estão passando pela mesma situação pode oferecer um grande apoio. Grupos de apoio, seja online ou presencial, podem fornecer uma plataforma para compartilhar experiências, dicas e encorajamento. Ouvir como outros superaram a ansiedade relacionada à injeção de insulina pode ser inspirador e reconfortante.

Por fim, se a ansiedade de injetar insulina estiver afetando significativamente sua qualidade de vida, pode ser útil procurar apoio profissional. Um psicólogo ou outro profissional de saúde mental pode trabalhar com você para desenvolver estratégias eficazes de enfrentamento.

Posso aplicar insulina todos os dias no mesmo local?

Não é recomendado aplicar insulina todos os dias no mesmo local. Isso porque o uso repetido da mesma área para injeções pode levar ao desenvolvimento de lipodistrofias, que são alterações no tecido subcutâneo. Existem basicamente dois tipos de lipodistrofias relacionadas às injeções de insulina: a lipohipertrofia, que é o engrossamento ou o aumento do tecido adiposo, e a lipoatrofia, que é a perda de tecido adiposo.

A lipohipertrofia é o mais comum dos dois e pode ser identificada como áreas elevadas ou caroços sob a pele. Essas áreas alteradas podem interferir na forma como a insulina é absorvida pelo corpo, tornando o controle da glicose no sangue mais difícil. A insulina injetada em áreas com lipohipertrofia pode não ser absorvida de maneira consistente, resultando em níveis de glicose no sangue imprevisíveis. Por outro lado, a lipoatrofia é menos comum hoje em dia devido à melhoria na pureza da insulina.

Para evitar esses problemas, é importante praticar a rotação dos locais de injeção. Isso significa alternar os locais de injeção dentro de uma mesma região do corpo e entre diferentes regiões aptas para a injeção, como abdômen, coxas, nádegas e parte superior dos braços. Manter um esquema de rotação ajuda a dar tempo suficiente para que a pele e o tecido subcutâneo se recuperem entre as injeções.

Aqui estão algumas dicas para uma rotação eficaz dos locais de injeção:

1) Divida cada área de injeção em seções menores e use uma seção diferente a cada vez. Faça o rodízio dentro do mesmo dia e dentro de dias diferentes.

2) Mantenha um padrão para ajudá-lo a lembrar da última área utilizada, o que pode facilitar a rotação sistemática.

3) Evite injeções muito próximas uma da outra e de áreas com lipodistrofias ou cicatrizes.

Ao praticar a rotação dos locais de injeção e seguir as melhores práticas para aplicação de insulina, você pode ajudar a garantir uma absorção mais consistente da insulina e manter a saúde da sua pele. Se você notar quaisquer alterações na sua pele, como caroços, endurecimento ou áreas afundadas, fale com sua equipe de saúde. Eles podem oferecer orientações adicionais e ajustar seu plano de tratamento conforme necessário.

Errei na dose de insulina, o que devo fazer?

Se você descobrir que errou na dose de insulina, seja aplicando mais ou menos do que o necessário, é importante agir com calma e prudência. Erros acontecem, e o mais importante agora é tomar as medidas adequadas para lidar com a situação da forma mais segura possível.

Primeiramente, avalie a situação para entender a gravidade do erro. Se você aplicou insulina a menos, monitore seus níveis de glicose no sangue mais de perto nas próximas horas para verificar se eles aumentam significativamente. Dependendo dos seus níveis de glicose e do quanto de insulina foi omitido, você pode precisar de uma dose corretiva. No entanto, essa decisão deve ser feita com orientação médica, então entre em contato com sua equipe de saúde para receber aconselhamento específico.

Se você aplicou insulina demais, existe o risco de hipoglicemia, que é a queda dos níveis de glicose no sangue para abaixo do normal. Os sintomas de hipoglicemia incluem tremores, suor frio, tontura, fome intensa, palpitações, confusão mental ou dificuldade de concentração. Se você começar a sentir esses sintomas, é importante tratar a hipoglicemia imediatamente consumindo uma fonte rápida de glicose, como um copo de suco de fruta, balas de glicose ou mesmo açúcar. Em casos extremos, consuma rapidamente uma fonte rápida de glicose e vá direto para o pronto atendimento.

Independentemente do tipo de erro, manter um registro detalhado do ocorrido pode ser útil. Anote a quantidade de insulina que você aplicou, a hora da aplicação e qualquer sintoma ou medida tomada em resposta. Essas informações serão valiosas para sua equipe de saúde avaliar e ajustar seu plano de tratamento, se necessário.

Para o futuro, considere estratégias que possam ajudar a evitar erros semelhantes. Isso pode incluir o uso de lembretes, a organização de seus suprimentos de insulina de maneira clara e acessível, ou até mesmo discutir com sua equipe de saúde se um dispositivo de aplicação diferente poderia reduzir o risco de erros. Com as medidas corretas e o suporte adequado, você pode gerenciar esses incidentes de forma segura e evitar que eles ocorram novamente.

Posso trocar de marca de um mesmo tipo de insulina sem problema?

Trocar de marca de um mesmo tipo de insulina sem consultar um profissional de saúde não é recomendado. Embora diferentes marcas possam oferecer o mesmo tipo de insulina, como insulina de ação rápida ou de ação prolongada, existem nuances em termos de formulação, concentração e até mecanismos de aplicação que podem influenciar como a insulina atua no seu corpo.

A insulina é um medicamento crucial que exige precisão na dosagem para manter os níveis de glicose no sangue dentro de um intervalo saudável. Pequenas diferenças entre as marcas, mesmo que sutis, podem resultar em variações na forma como você responde ao tratamento. Isso significa que uma mudança de marca pode necessitar de ajustes na dosagem para manter o controle eficaz da glicose.

Além disso, o dispositivo de aplicação (como canetas ou seringas) pode variar entre as marcas, o que também pode afetar sua experiência e conforto ao administrar a insulina. É importante estar confortável e confiante com o método de aplicação, pois isso faz parte do seu sucesso no manejo do diabetes.

Antes de fazer qualquer mudança na sua insulina, seja em termos de dosagem, tipo ou marca, é essencial conversar com seu médico ou farmacêutico. Eles podem avaliar a equivalência entre as marcas e orientá-lo se algum ajuste na dosagem for necessário. Essa avaliação cuidadosa ajuda a garantir que a mudança não afete negativamente o seu controle glicêmico.

Se a mudança de marca for motivada por questões como custo, disponibilidade ou preferência pessoal, compartilhe essas preocupações com sua equipe de saúde. Eles podem oferecer alternativas, aconselhar sobre as opções disponíveis que melhor se ajustam ao seu plano de tratamento e garantir que qualquer transição seja feita de maneira segura. Qualquer alteração na sua terapia de insulina, incluindo a mudança de marcas, deve ser feita sob orientação médica para garantir que você continue a gerenciar seu diabetes de forma eficaz e segura.

Como ajustar a dose de insulina baseado na minha alimentação e atividade física?

Ajustar a dose de insulina com base na sua alimentação e atividade física é uma parte crucial do manejo eficaz do diabetes, especialmente para aqueles que precisam de insulina para manter seus níveis de glicose no sangue sob controle. Essa habilidade permite uma flexibilidade maior no dia a dia, ajudando a manter a glicemia dentro das metas estabelecidas, ao mesmo tempo em que se desfruta de uma variedade de alimentos e se mantém um estilo de vida ativo.

Um recurso valioso nesse processo é o manual de contagem de carboidratos da Sociedade Brasileira de Diabetes (SBD). Este manual é uma ferramenta educativa projetada para ajudar pessoas com diabetes a entenderem como os carboidratos afetam seus níveis de glicose no sangue e como ajustar a dose de insulina de acordo com a quantidade de carboidratos consumidos em cada refeição.

A contagem de carboidratos envolve calcular a quantidade total de carboidratos (em gramas ou porções) presentes na alimentação, o que requer um certo nível de prática e conhecimento sobre os conteúdos nutricionais dos alimentos. Ao saber quantos carboidratos você vai consumir, você pode ajustar a dose de insulina de ação rápida ou ultrarrápida para corresponder à quantidade de carboidratos, permitindo assim um controle mais preciso da glicose pós-prandial (após as refeições).

Além da alimentação, a atividade física também desempenha um papel importante no manejo do diabetes, pois pode afetar os níveis de glicose no sangue. A atividade física regular pode aumentar a sensibilidade à insulina, o que significa que seu corpo pode precisar de menos insulina para processar os carboidratos. Por isso, pode ser necessário ajustar a dose de insulina nos dias em que você estiver mais ativo fisicamente para evitar hipoglicemia, que é a queda dos níveis de glicose no sangue para abaixo do normal.

É importante destacar que o processo de ajuste da dose de insulina com base na alimentação e atividade física deve ser sempre feito com orientação de sua equipe de saúde. Eles podem fornecer orientações específicas, considerando seu plano de tratamento individual, suas metas de glicemia, sensibilidade à insulina e padrões de atividade física.

Além disso, manter um diário de alimentação e glicemia pode ser uma prática útil, ajudando você e sua equipe de saúde a entender melhor como diferentes tipos de alimentos e níveis de atividade física afetam seus níveis de glicose, facilitando ajustes mais precisos na dosagem de insulina.

Em resumo, ajustar a dose de insulina com base na alimentação e atividade física é uma habilidade essencial para o manejo eficaz do diabetes, e o manual de contagem de carboidratos da SBD é um excelente recurso para aprender como fazer esses ajustes de maneira segura e efetiva. Lembre-se, a chave para um bom controle do diabetes é a colaboração contínua com sua equipe de saúde e a disposição para aprender e adaptar-se às necessidades do seu corpo.

Bombas de insulina são uma opção para todos as pessoas com diabetes?

As bombas de insulina representam um avanço tecnológico incrível no tratamento do diabetes, oferecendo uma alternativa às injeções diárias de insulina. Elas funcionam liberando insulina continuamente através de um pequeno tubo (cateter) que é inserido sob a pele, mimetizando mais de perto a maneira como o pâncreas saudável fornece insulina ao corpo. Essa abordagem pode ajudar a manter os níveis de glicose no sangue mais estáveis ao longo do dia e da noite.

No entanto, a pergunta se as bombas de insulina são uma opção para todos as pessoas com diabetes tem uma resposta que não é tão direta. A decisão de usar uma bomba de insulina envolve considerar vários fatores, incluindo o tipo de diabetes, as necessidades individuais de tratamento, o estilo de vida, a motivação para gerenciar o tratamento intensivo e, claro, a acessibilidade.

Para pessoas com diabetes tipo 1, as bombas de insulina podem ser particularmente benéficas, pois elas dependem completamente da insulina exógena para controlar seus níveis de glicose. A capacidade de ajustar finamente a entrega de insulina pode facilitar o controle mais preciso da glicose e reduzir o risco de hipoglicemia, especialmente importante para aqueles que têm dificuldade em manter os níveis de glicose estáveis com injeções múltiplas por dia.

Pessoas com diabetes tipo 2 também podem se beneficiar do uso de bombas de insulina, especialmente aquelas que requerem terapia intensiva com insulina para controlar seus níveis de glicose. No entanto, muitos casos de diabetes tipo 2 podem ser gerenciados eficazmente com mudanças no estilo de vida, medicamentos orais e, às vezes, com injeções de insulina, sem a necessidade de uma bomba de insulina.

Além dos aspectos médicos, há também a consideração do custo e da cobertura por seguros ou sistemas de saúde. As bombas de insulina podem ser caras, e embora muitos sistemas de saúde e seguros ofereçam cobertura para elas, a acessibilidade ainda pode ser uma barreira para alguns.

É importante ter uma discussão aberta com sua equipe de saúde sobre se uma bomba de insulina é adequada para você. Eles podem ajudá-lo a avaliar os prós e contras com base em sua saúde geral, controle de glicose, estilo de vida e capacidade de gerenciar a tecnologia. Juntos, vocês podem tomar uma decisão informada que melhor se alinhe às suas necessidades e objetivos de tratamento.

Em suma, enquanto as bombas de insulina oferecem uma opção de tratamento valiosa e eficaz para muitas pessoas com diabetes, a decisão de adotá-las deve ser personalizada, considerando uma variedade de fatores individuais. Como acontece com qualquer aspecto do tratamento do diabetes, o que funciona melhor é uma abordagem individualizada.

9.4 Dúvidas gerais sobre os medicamentos

Quanto tempo leva para ver os efeitos dos medicamentos para diabetes?

Entender quanto tempo leva para começar a ver os efeitos dos medicamentos para diabetes é uma questão importante e bastante comum entre as pessoas que estão começando ou ajustando seu tratamento. É natural querer ver resultados rápidos, especialmente quando você está se esforçando para gerenciar sua saúde. No entanto, a resposta a essa pergunta pode variar consideravelmente, dependendo do tipo de medicamento, do seu corpo e de como você está gerenciando outros aspectos do seu diabetes, como dieta e exercício.

Para começar, medicamentos que ajudam a regular o metabolismo da glicose (açúcar no sangue), como a metformina e pioglitazona, podem começar a ter algum efeito dentro de alguns dias após o início do tratamento. No entanto, para sentir os efeitos completos e ver uma mudança significativa nos seus níveis de glicose no sangue, pode levar de algumas semanas a até três meses. É importante ter paciência durante esse período e continuar seguindo as orientações da sua equipe de saúde.

Medicamentos que estimulam o pâncreas a produzir mais insulina, como sulfonilureias (glibenclamida, glimepirida, entre outros), geralmente começam a agir relativamente rápido, mas também podem levar algumas semanas para que você veja uma estabilização dos seus níveis de glicose no sangue.

Para insulinas, especialmente as de ação rápida, os efeitos são vistos mais rapidamente, geralmente dentro de minutos a horas após a injeção. Mas o ajuste fino para alcançar o controle ideal da glicose pode levar algum tempo, à medida que você e sua equipe de saúde trabalham juntos para encontrar a dosagem e o cronograma corretos.

E para os medicamentos mais novos, como os inibidores de SGLT2 (terminados em "-gliflozina") ou os análogos de GLP-1 (canetinhas), o início da ação pode ser relativamente rápido, mas, como com outros medicamentos para diabetes, os efeitos máximos no controle da glicose e na saúde cardiovascular podem levar algumas semanas a meses para serem totalmente realizados.

Se você está preocupado porque não está vendo mudanças imediatas ou se sente frustrado com o progresso do seu tratamento, tenha paciência. O tempo é muito importante no tratamento do diabetes! O manejo do diabetes é uma jornada, não uma corrida, e leva tempo para encontrar o equilíbrio certo para sua saúde e bem-estar.

Existe algum medicamento que faz perder peso?

Sim, existem medicamentos utilizados no tratamento do diabetes que podem ter a perda de peso como um efeito adicional. Embora o objetivo principal desses medicamentos seja ajudar a controlar os níveis de glicose no sangue, a perda de peso pode ser um benefício bem-vindo para muitas pessoas com diabetes tipo 2, especialmente considerando que a manutenção de um peso saudável pode melhorar o controle da glicose e reduzir o risco de complicações.

Os inibidores de SGLT2 são um exemplo de medicamentos para diabetes que podem promover a perda de peso. Eles funcionam fazendo com que os rins eliminem glicose através da urina, o que não só ajuda a reduzir os níveis de glicose no sangue, mas também pode levar à perda de calorias e, consequentemente, à leve perda de peso. Além disso, esses medicamentos têm demonstrado benefícios cardiovasculares em pessoas com diabetes tipo 2 e doença cardiovascular.

Outro grupo de medicamentos associados à perda de peso são os análogos de GLP-1, que até são apelidados de "canetinhas emagrecedoras". Expliquei sobre eles detalhadamente na pergunta sobre os principais medicamentos, dê uma olhada! Estes imitam a ação do hormônio GLP-1 natural do corpo, que é liberado após a alimentação e ajuda a promover a sensação de saciedade, diminuir a velocidade do esvaziamento gástrico e estimular a liberação de insulina em resposta a níveis elevados de glicose. Como resultado, podem ajudar na perda de peso ao reduzir o apetite e aumentar a sensação de saciedade.

A metformina também pode favorecer a perda de peso em alguns pacientes, embora seja uma perda de peso modesta já é bem-vinda em uma condição clínica na qual o peso tem um impacto muito significativo.

Porém, como sempre digo, nunca tome medicamento sem prescrição. Aqui é apenas um aprendizado para você discutir com seu médico e encontrar a melhor opção para você, sem riscos. Além disso, perder peso inclui dieta saudável, exercícios e outras estratégias de mudança de estilo de vida.

Como lidar com o esquecimento de tomar meu medicamento?

Esquecer de tomar um medicamento é como esquecer o guarda-chuva em um dia que claramente promete chuva — acontece nas melhores famílias e, quando menos esperamos, estamos nos perguntando como algo tão simples escapou da nossa mente. Mas, assim como a chuva inesperada pode nos pegar de surpresa, há maneiras de se preparar para esses pequenos esquecimentos que fazem parte da natureza humana.

Primeiro, vamos abordar o elefante na sala: sim, todos nós esquecemos as coisas de vez em quando. Seja o nome de alguém que acabamos de conhecer, onde deixamos as chaves ou tomar nosso medicamento. O importante é não transformar esse esquecimento em uma novela dramática. Em vez de se culpar, vamos usar esse momento como uma oportunidade para sermos criativos na busca de soluções.

Uma maneira interessante de lembrar de tomar seu medicamento pode ser associá-lo a outra atividade rotineira que você raramente esquece. Por exemplo, escovar os dentes. A menos que você queira dar à sua boca um gostinho de aventura e deixar as bactérias fazerem uma festa, você provavelmente não esquece de escovar os dentes pela manhã e à noite. Que tal colocar seu medicamento ao lado da escova de dentes? Assim, é quase como se seu creme dental estivesse dizendo: "Ei, já que estamos aqui, que tal tomar seu remédio?".

Aplicativos de lembrete no celular também são excelentes aliados. Com um mundo de aplicativos à disposição, você pode escolher um que permita configurar alarmes personalizados para a medicação. Alguns até permitem que você marque quando tomou o medicamento, criando um registro útil. É tecnologia a serviço da saúde, ou, como eu gosto de chamar, um "nanny digital" para seus comprimidos.

E que tal um pouco de arte? Transforme a tarefa de tomar medicamentos em um projeto visual. Crie um calendário de medicamentos colorido, use adesivos, faça desenhos, seja o que for que torne a experiência mais agradável e visível. Coloque-o em um lugar que você olha todos os dias, como a porta da geladeira. Além de ser um lembrete, você tem a desculpa perfeita para exercitar sua veia artística.

Por fim, envolver amigos ou familiares pode adicionar uma camada extra de segurança. Compartilhar suas preocupações com alguém de confiança pode não apenas aliviar o fardo emocional, mas também oferecer um sistema de apoio prático. É como ter um parceiro de treino, mas para a saúde.

Esquecer é humano. O truque é encontrar maneiras de fazer desses pequenos lapsos momentos menos frequentes e mais gerenciáveis. Com um pouco de criatividade, tecnologia e apoio, logo você estará no caminho para uma rotina de medicação à prova de esquecimentos. E, na dúvida, sempre tenha um plano B, assim como você teria um guarda-chuva reserva para aqueles dias chuvosos inesperados.

Posso usar medicamentos para diabetes tipo 2 se tenho diabetes tipo 1?

Quando se trata de usar medicamentos para diabetes tipo 2 em pessoas com diabetes tipo 1, é como tentar usar um mapa de uma cidade para navegar em outra completamente diferente. Ambas as cidades (ou, neste caso, os tipos de diabetes) podem ter algumas semelhanças, como ruas e avenidas (ou seja, a presença de glicose no sangue), mas as rotas específicas para chegar aos destinos desejados (ou seja, o controle eficaz da glicose) podem ser muito diferentes.

Diabetes tipo 1 e tipo 2 são condições distintas com necessidades de tratamento específicas. No diabetes tipo 1, o pâncreas produz pouca ou nenhuma insulina devido à destruição autoimune das células beta. Portanto, a insulina exógena é essencial para a sobrevivência e o controle da glicose no sangue. Já no diabetes tipo 2, o corpo ainda produz insulina, mas não a utiliza eficientemente devido à resistência à insulina, e o pâncreas pode, eventualmente, produzir menos insulina ao longo do tempo.

Alguns medicamentos desenvolvidos para o diabetes tipo 2, podem não ser adequados ou suficientes para quem tem diabetes tipo 1. No entanto, há situações em que um especialista pode considerar adicionar certos medicamentos típicos do tratamento do diabetes tipo 2 ao regime de alguém com diabetes tipo 1, especialmente se houver resistência à insulina adicional ou outras considerações metabólicas. Por exemplo, metformina, os inibidores de SGLT2 ou os análogos de GLP-1 podem ser considerados em alguns casos para ajudar na gestão do peso ou no controle cardiovascular, mas sempre como parte de um plano de tratamento mais amplo que inclui insulina.

É crucial que essa decisão seja tomada por bom médico, baseada em uma avaliação cuidadosa das necessidades individuais, dos benefícios potenciais e dos riscos associados. A automedicação ou a mudança de medicamentos sem orientação profissional é como tentar navegar por uma cidade desconhecida sem um mapa confiável: pode levar a resultados inesperados e potencialmente perigosos.

Tenho medo de tomar medicamentos, o que fazer?

Ah, o medo de tomar medicamentos! É como aquele monstro debaixo da cama quando éramos crianças – sabemos que provavelmente é só um monte de meias perdidas e poeira, mas isso não nos impede de hesitar antes de esticar o pé para fora do cobertor. Mas, assim como aprendemos que o aspirador de pó é nosso aliado na batalha contra os monstros de poeira, também podemos encontrar maneiras de enfrentar e superar o receio de tomar medicamentos.

Primeiro, reconheça que esse medo não é só seu. É como não gostar de palhaços – muita gente compartilha desse sentimento, e está tudo bem. O importante é não deixar que esse medo controle suas ações, especialmente quando se trata de algo tão crucial para sua saúde.

Uma boa estratégia é transformar o medicamento em algo menos intimidador. Talvez você possa imaginar cada comprimido como um minúsculo super-herói, pronto para lutar contra os vilões do seu corpo. Ou talvez cada dose seja um pequeno astronauta em uma missão espacial dentro de você, explorando a vastidão desconhecida para trazer saúde e equilíbrio. A ideia é dar um novo significado ao ato de tomar medicamentos, tornando-o uma aventura ou missão, em vez de uma tarefa assustadora.

Conversar abertamente com seu médico ou farmacêutico também pode ajudar. Eles podem ser como os guias em uma trilha assustadora, segurando uma tocha para iluminar o caminho e explicar cada som misterioso (ou efeito colateral) que você teme. Eles podem esclarecer por que o medicamento é importante, como ele funciona e o que esperar, dissipando os mitos e medos com fatos e conhecimento.

Por fim, envolva sua rede de apoio. Compartilhe seus medos com amigos ou familiares confiáveis. Eles podem oferecer aquele incentivo moral, como uma torcida organizada no dia do jogo, ajudando você a ver que, com o passar do tempo, tomar medicamentos pode se tornar tão rotineiro quanto escovar os dentes – algo que você faz sem pensar muito, como parte do seu dia.

Lembre-se, enfrentar o medo é um processo, não um evento único. Com paciência, humor e apoio, você pode transformar esse monstro debaixo da cama em apenas mais um par de meias perdidas. E quem sabe? Talvez, no processo, você descubra que é mais corajoso e resiliente do que jamais imaginou.

Existem interações medicamentosas que devo me preocupar?

As interações medicamentosas são curiosas, admito! Elas são como convidados penetras e inesperados em uma festa planejada. Você preparou tudo para que seus amigos (medicamentos) tivessem uma noite inesquecível, quando, de repente e sem avisar, chega um convidado penetra e começa uma baderna na sua festa. O clima muda, a música para e todos se perguntam: "O que está acontecendo?".

Uma interação medicamentosa acontece quando um medicamento decide não se dar bem com outro medicamento, suplemento ou até mesmo com comida, e esse encontro pode alterar o efeito esperado. Às vezes, é como adicionar refrigerante em um copo de vinho tinto esperando uma sangria, mas acabar com uma poção que nem o Mad Hatter serviria em sua festa do chá.

Mas não tema! Aqui entra o nosso super-herói: o farmacêutico. Armado com vasto conhecimento e uma capa imaginária de responsabilidade, o farmacêutico é como o mestre de cerimônias dessa festa química, garantindo que todos os convidados (medicamentos) se comportem e ninguém estrague a diversão (sua saúde).

Por exemplo, sabia que alguns medicamentos para diabetes, quando misturados com certos diuréticos, podem transformar a pista de dança (seu corpo) em um lugar um pouco mais propenso a hipoglicemias (baixas de açúcar no sangue)? Ou que alguns antibióticos e antifúngicos podem aumentar o volume da música (nível de certos medicamentos no sangue), levando a uma festa um pouco fora de controle?

Aqui estão algumas dicas para garantir que a festa no seu corpo seja um sucesso, sem interações indesejadas. Criei um mnemônico para te ajudar a lembrar do que você precisa fazer. Sabe aquela música, "para dançar CREU tem que ter disposição"? Vamos tocar ela na nossa festa:

1) O "C" é de "Convite VIP": Sempre informe seu farmacêutico sobre todos os medicamentos, suplementos e ervas que você está tomando. Eles podem verificar a lista de convidados e garantir que ninguém incompatível seja permitido.

2) O "R" é de "Registro de convidados": Mantenha uma lista atualizada de todos os seus medicamentos e compartilhe-

a com todos os profissionais de saúde envolvidos no seu cuidado. É como ter a lista de convidados em mãos para evitar surpresas.

3) O "E" é de "Evidencie ao farmacêutico": Antes de introduzir um novo convidado (medicamento) à festa, converse com seu farmacêutico. Eles podem prever como os novos e os atuais convidados vão interagir.

4) O "U" é de "Um olhar atento": Fique atento a sinais de que a festa pode estar ficando fora de controle (sintomas inesperados ou mudanças na forma como você se sente) e avise seu farmacêutico ou médico.

Lembre-se, com um bom planejamento e a ajuda do seu farmacêutico, você pode manter a harmonia entre todos os convidados medicamentosos, garantindo que a festa no seu corpo seja tanto segura quanto divertida. E assim, todos dançam felizes até o amanhecer, sem surpresas desagradáveis.

Como o peso afeta a necessidade de medicamentos para diabetes?

Vou brincar com uma obra que você certamente conhece, escrita por Charles Lutwidge Dodgson com o pseudônimo de Lewis Carroll em 1865. Imagine, por um momento, que estamos no mundo mágico de "Alice no País das Maravilhas", e você é Alice, prestes a embarcar em uma aventura pelo país do diabetes. Ao longo do caminho, você encontra o Chapeleiro Maluco, que, com sua sabedoria peculiar, decide lhe contar sobre como o peso afeta a necessidade de medicamentos para diabetes.

"Alice", começa o Chapeleiro, enquanto ajusta seu chapéu e oferece uma xícara de chá imaginária, "você se lembra de quando comeu o bolo que a fez crescer e a bebida que a fez encolher? No mundo do diabetes, o peso tem um papel similar, afetando quão grande ou pequena pode ser a sua necessidade de medicamentos."

Curiosa, Alice senta-se, pronta para ouvir mais. "Veja bem", continua o Chapeleiro, "quando o peso aumenta, pode ser como se você tivesse comido o bolo que a faz crescer. Isso porque o excesso de peso pode levar a uma maior resistência à insulina, o que significa que seu corpo precisa de mais insulina para fazer o mesmo trabalho de controlar os níveis de glicose no sangue. Como resultado, você pode precisar de doses maiores de medicamentos para diabetes ou até de uma combinação de medicamentos para manter a glicose sob controle."

Alice, sempre pronta com uma pergunta, inclina a cabeça e pergunta: "E se eu perder peso, Chapeleiro?"

"Ah, excelente pergunta, minha cara Alice!" exclama o Chapeleiro, com um sorriso. "Se você perder peso, é como se tivesse bebido a poção que a faz encolher. Ao diminuir o peso, você pode melhorar a sensibilidade do seu corpo à insulina, o que pode reduzir a necessidade de medicamentos. Em alguns casos, especialmente no início do diabetes tipo 2, a perda de peso significativa pode até permitir que algumas pessoas gerenciem seu diabetes sem a necessidade de medicamentos, usando apenas dieta e exercício."

"Mas lembre-se, Alice", ele adiciona, levantando um dedo de advertência, "cada pessoa é única, e a jornada de cada um no país do diabetes é diferente. A quantidade de peso a perder, a forma de perdê-lo e como isso afeta sua necessidade de medicamentos deve ser um plano feito sob medida, criado com a ajuda de sua equipe de saúde."

Encantada com essa nova compreensão, Alice agradece ao Chapeleiro Maluco. "Então, o peso realmente desempenha um papel importante na gestão do diabetes", reflete ela, pronta para continuar sua aventura com um novo conhecimento em mãos.

Assim como Alice no País das Maravilhas, embarcar na jornada do controle do diabetes com a compreensão de como o peso afeta a necessidade de medicamentos pode ser uma aventura cheia de descobertas e transformações. E com a orientação adequada da sua equipe de saúde, você pode encontrar o equilíbrio certo para a sua história, garantindo um final feliz para a sua aventura no controle do diabetes.

É seguro comprar medicamentos para diabetes pela internet?

Comprar medicamentos para diabetes pela internet pode parecer conveniente e, às vezes, até mais econômico, mas é um terreno que exige cautela e discernimento. A segurança e a qualidade dos medicamentos obtidos online são temas que merecem uma análise cuidadosa, principalmente porque estamos falando de uma condição crônica que requer tratamento contínuo e bem regulado.

A primeira questão que surge é: como garantir a procedência desses medicamentos? Ao comprar de fontes não verificadas na internet, corre-se o risco de adquirir produtos falsificados, vencidos ou armazenados de maneira inadequada. Medicamentos falsificados podem conter ingredientes inativos, errados ou até mesmo prejudiciais, o que representa um risco significativo à saúde. Sem falar nos medicamentos que, por não serem armazenados corretamente, podem ter sua eficácia comprometida.

Além disso, existe o aspecto da prescrição médica. Muitos medicamentos para diabetes, especialmente a insulina e outros que requerem ajustes finos na dosagem, necessitam de prescrição médica. Sites que oferecem esses medicamentos sem exigir uma prescrição estão agindo fora das diretrizes legais e regulatórias, o que levanta sérias preocupações sobre a legitimidade e segurança de suas operações.

Outra consideração importante é a falta de orientação farmacêutica. Quando você adquire medicamentos em uma farmácia física, tem a oportunidade de conversar com um farmacêutico, esclarecer dúvidas, discutir interações medicamentosas e receber conselhos personalizados sobre o uso seguro dos medicamentos. Essa interação direta é fundamental para o manejo seguro do diabetes e pode não estar disponível quando os medicamentos são comprados online.

Isso não significa que todos os medicamentos comprados pela internet são inseguros. Existem farmácias online legítimas e regulamentadas que oferecem uma alternativa segura e conveniente para adquirir medicamentos. No entanto, é crucial verificar se a farmácia online é credenciada e segue as regulamentações locais de saúde e segurança. Procurar selos de aprovação de organizações reguladoras e ler avaliações de outros usuários pode ajudar a identificar fontes confiáveis.

Em resumo, enquanto a compra de medicamentos para diabetes pela internet pode oferecer conveniência, é essencial abordar essa opção com um alto grau de cautela. Priorizar fontes confiáveis, verificar credenciais e, acima de tudo, manter a comunicação aberta com sua equipe de saúde são passos fundamentais para garantir que seu tratamento para diabetes seja seguro e eficaz.

Qual a importância do acompanhamento por profissionais no diabetes?

Em "Alice no País das Maravilhas", há um momento emblemático em que Alice, perdida, encontra o Gato de Cheshire e pergunta qual caminho ela deve tomar. O gato sabiamente responde que isso depende de para onde ela quer ir. Quando Alice admite que não sabe, o gato diz que, nesse caso, não importa o caminho. Essa troca é uma metáfora perfeita para a importância do acompanhamento por profissionais de saúde aos pacientes com diabetes.

Imagine-se no papel de Alice, navegando pelo mundo complexo e muitas vezes confuso do manejo do diabetes. Seu destino é um controle eficaz do diabetes, minimizando o risco de complicações e maximizando sua qualidade de vida. No entanto, sem saber exatamente como chegar lá, você pode se sentir perdido, sem saber qual caminho tomar.

Aqui é onde o médico, o farmacêutico, a nutricionista e tantos outros profissionais da saúde entram em cena - como o Gato de Cheshire, mas com um conhecimento muito mais prático e menos enigmático. Eles conhecem o destino e, mais importante, sabem qual caminho você deve seguir para chegar lá. O acompanhamento regular permite que esses profissionais avaliem como seu tratamento atual está afetando seu controle glicêmico, bem-estar geral e qualidade de vida.

Sem esse acompanhamento, tentar ajustar sua medicação por conta própria, por exemplo, é como andar pelo País das Maravilhas sem um mapa; você pode acabar em qualquer lugar, e nem sempre será onde você deseja estar. Mudanças na medicação sem orientação profissional podem levar a um controle inadequado do diabetes, seja por superdosagem, subdosagem ou interações medicamentosas não intencionais, cada uma com suas próprias consequências potencialmente graves.

Além disso, o acompanhamento profissional permite uma abordagem personalizada. Assim como cada personagem no País das Maravilhas tem sua própria perspectiva e conselhos para Alice, cada pessoa com diabetes tem suas próprias necessidades e objetivos de tratamento. O que funciona para um indivíduo pode não ser o melhor para outro. Médicos e farmacêuticos podem ajustar seu tratamento com base em uma ampla gama de fatores, incluindo idade, estilo de vida, presença de outras condições de saúde e como você responde a certos medicamentos.

Portanto, o acompanhamento profissional é essencial para garantir que você esteja no caminho certo para alcançar o controle eficaz do diabetes. Os profissionais de saúde não apenas orientam você através do labirinto do manejo do diabetes, mas também ajustam seu tratamento conforme necessário para garantir que você chegue ao seu destino desejado: uma vida saudável e equilibrada com diabetes. Eles garantem que, ao contrário de Alice, você saiba para onde quer ir e, mais importante, como chegar lá.

Posso beber álcool se estou tomando medicamentos para diabetes?

Beber álcool quando se está tomando medicamentos para diabetes é uma questão delicada que pede uma abordagem cuidadosa. O álcool tem o poder de afetar seus níveis de glicose no sangue de maneiras imprevisíveis, baixando-os ou elevando-os, dependendo de fatores como a quantidade de álcool que você consome, se está ou não acompanhado de comida, e o tipo específico de bebida alcoólica. É um pouco como andar em uma corda bamba sem saber exatamente se vai inclinar para um lado ou para o outro.

Se você está tomando medicamentos como insulina ou sulfonilureias, que já têm o papel de baixar a glicose no sangue, adicionar álcool à mistura pode complicar as coisas. O álcool pode fazer com que seu fígado fique ocupado demais para liberar glicose, o que é especialmente arriscado se sua medicação já reduziu seus níveis de açúcar. É como se duas forças estivessem puxando você em direções opostas, aumentando o risco de você cair da corda bamba (ou seja, ter uma hipoglicemia).

Se você decide que quer incluir álcool em sua vida, pense nisso como uma avaliação de riscos consciente. Você precisa conversar com seu médico e entender se no seu caso específico isso pode ser feito com segurança. Acima de tudo, se decidir, faça isso moderadamente e limitando-se a uma ou duas bebidas e nunca embarcando nesta jornada com o estômago vazio, pois o alimento pode ajudar a estabilizar seus níveis de glicose enquanto você consome álcool. Use o seu aparelho de monitoramento de glicose para monitorar os níveis de açúcar do seu sangue antes, durante e depois de ingerir bebidas com álcool.

Manter um olhar atento em como o álcool afeta seus níveis de glicose, antes, durante e depois de beber, é como verificar o mapa regularmente para garantir que você não está se perdendo. Também é possível corrigir erros se você souber que a glicose está subindo ou caindo demais! Estar ciente dos sintomas de hipoglicemia e saber o que fazer se eles aparecerem é como ter um kit de primeiros socorros à mão; você espera não precisar usá-lo, mas é vital ter um por perto.

No fim das contas, o consumo de álcool enquanto se está em tratamento para diabetes pode ser seguro para algumas pessoas, pode ser arriscado para outras, mas em todos os casos só pode ser feito com precaução e conhecimento dos possíveis riscos. Trata-se de fazer escolhas informadas e manter uma comunicação aberta com sua equipe de saúde, garantindo que a jornada através do gerenciamento do diabetes seja tão suave e segura quanto possível.

Existe alguma vacina que os pacientes com diabetes precisam tomar?

Quando se fala em vacinas para pacientes com diabetes, é como considerar um escudo protetor extra em sua armadura de saúde. O diabetes, por si só, não muda a lista de vacinas recomendadas para a população em geral, mas aumenta a importância de estar atualizado com elas. Isso porque o sistema imunológico de quem tem diabetes pode não ser tão eficaz na luta contra infecções, tornando algumas doenças mais perigosas ou difíceis de tratar.

A vacina contra a gripe é como um guarda-chuva robusto em um dia chuvoso; ela oferece uma camada adicional de proteção contra as tempestades da temporada de gripe. Para alguém com diabetes, contrair a gripe pode ser mais do que apenas alguns dias de desconforto; pode levar a complicações sérias que afetam o controle da glicose no sangue e, em casos extremos, resultar em hospitalização.

Da mesma forma, a vacina contra pneumonia funciona como um colete salva-vidas em águas turbulentas. Pneumonia e outras infecções pneumocócicas podem ser particularmente graves para pessoas com diabetes, e essa vacina ajuda a manter você a salvo dessas águas perigosas.

A vacina contra o herpes zoster recentemente tem se destacado e emerge como uma aliada valiosa na proteção da saúde de indivíduos com diabetes. Este vírus, presente em pessoas que já tiveram catapora no passado, pode ser particularmente desafiador para quem tem diabetes. O sistema imunológico comprometido aumenta o risco de desenvolver complicações graves decorrentes do herpes zoster, como a neuralgia pós-herpética, uma condição dolorosa e de longa duração.

E com o advento da COVID-19, a vacinação contra este vírus tornou-se outro componente crítico do arsenal de proteção, funcionando como um escudo avançado contra um inimigo invisível, mas altamente disruptivo. Para pessoas com diabetes, manter-se protegido contra a COVID-19 é crucial, pois elas estão em maior risco de experienciar formas mais graves da doença.

Estar atualizado com essas vacinas é uma parte integral do gerenciamento do diabetes, quase como seguir uma dieta balanceada ou manter uma rotina regular de exercícios. É sobre tomar medidas proativas para proteger sua saúde e bem-estar, minimizando o risco de doenças que podem complicar o controle do diabetes.

Capítulo 10: Sintomas e Sinais de Alerta

Por que preciso conhecer meu corpo?

Conhecer seu corpo no contexto do diabetes é um pouco como tornar-se um explorador. Imagine-se vestindo o chapéu de Indiana Jones, menos as armadilhas mortais e mais os mistérios metabólicos. Seu corpo, essa maravilha de complexidades interconectadas, torna-se um mapa cheio de pistas, sinais e tesouros escondidos que, quando entendidos, podem transformar a maneira como você gerencia o diabetes.

Primeiro, vamos falar sobre os sinais. Assim como Indiana Jones pode notar uma pedra ligeiramente deslocada que aponta para uma armadilha, você aprender a reconhecer os sinais do seu corpo - um aumento da sede, a frequência com que você visita o banheiro, ou aquela sensação de fadiga que não é apenas preguiça de segunda-feira. Esses sinais são como pistas em um antigo templo, indicando se seu nível de glicose está agindo mais como um vilão de filme, alto ou baixo demais, e exigindo sua atenção. Por exemplo, eu sempre digo para meus pacientes: se você sabe os sinais e sintomas de uma glicemia, você consegue revertê-la!

Entender seu corpo também significa conhecer os efeitos dos alimentos, como se cada refeição fosse uma combinação de ingredientes mágicos que podem tanto fortalecer seu controle sobre o diabetes quanto desafiá-lo. É uma aventura culinária onde você aprende quais alimentos são seus aliados, mantendo seus níveis de glicose em equilíbrio, e quais são aqueles que lançam maldições temporárias de picos de glicose. Aí você vai descobrir que, mesmo que um alimento funcione bem para uma pessoa, pode não funcionar tão bem para você – e vice-versa.

Além disso, mergulhar nas profundezas do autoconhecimento permite descobrir o tesouro da atividade física e seu impacto no controle do diabetes. Cada movimento, cada aventura, seja uma caminhada pelo bairro ou uma escapada mais ousada, ajuda a manter o diabetes sob controle, quase como se estivesse domando feras antigas com a mera força da vontade e do exercício.

E, claro, não podemos esquecer o enigma dos medicamentos. Saber como cada pílula, cada dose de insulina, interage com seu corpo é como desvendar um código antigo. Alguns dias, você pode sentir que precisa de um pouco mais de ajuda, enquanto em outros, parece que está no controle. É a sua jornada pessoal para encontrar o equilíbrio perfeito, guiado pelas estrelas da monitorização da glicose e pela bússola das consultas com profissionais de saúde.

No fim, conhecer seu corpo no contexto do diabetes é embarcar em uma jornada épica de autodescoberta. É aprender a dançar com os ritmos únicos do seu metabolismo, a decifrar os segredos escondidos nos sinais que ele envia e a navegar pelos desafios com a destreza de um herói de aventura. E, assim como Indiana Jones sempre encontra seu tesouro, você descobre o maior de todos: a capacidade de viver bem com o diabetes, enfrentando cada dia com conhecimento, coragem e um toque de humor.

Quais são os sinais de hipoglicemia?

A hipoglicemia, esse estado enigmático onde o açúcar no sangue desce abaixo do seu palco de conforto, é como uma neblina que desce suavemente sobre uma paisagem outrora clara. Ela se anuncia com um sussurro, com sinais tão sutis que podem ser confundidos com o vento passando entre as folhas ou o murmúrio de um riacho distante.

Inicialmente, pode se manifestar como uma leve tremedeira nas mãos, quase como se cada dedo estivesse dançando ao ritmo de uma melodia inaudível, um prelúdio do que está por vir. Há também a sensação de suor frio, uma orvalhada inesperada que cobre a pele mesmo nos dias sem calor.

À medida que a hipoglicemia se aprofunda, um sentimento de fome voraz pode surgir, como um lobo solitário uivando na vastidão da noite, um apetite que parece não ter fim! E, então, vem a tontura, uma sensação de estar flutuando, desapegado do chão que uma vez lhe ofereceu estabilidade, um dançarino girando sem parar em um palco sem plateia.

O coração, esse baterista incansável, começa a tocar um ritmo acelerado, uma corrida frenética que ecoa no peito, um tambor anunciando a chegada de algo intenso. E no teatro da mente, a confusão se instala, os pensamentos se tornam névoa, palavras e memórias dançam fora do alcance, como folhas carregadas pelo vento de outono.

Em seu ápice, a hipoglicemia pode levar a uma sensação de fraqueza, um cansaço que se infiltra nos ossos, um guerreiro que lutou bravamente, mas agora sente o peso de suas batalhas. Para alguns, pode surgir uma irritabilidade inesperada, um vulcão adormecido que de repente desperta, lançando fogo e fumaça em um céu outrora pacífico.

Se perceber esses sinais e sintomas e não fazer nada, a situação pode piorar ao ponto de você perder a consciência, desmaiar – e em casos graves até morrer.

Mas, como toda tempestade, a hipoglicemia também pode ser acalmada. Um simples gesto de consumir algo doce pode ser o raio de sol que dissipa a neblina, o abrigo seguro contra a tempestade. É um lembrete da fragilidade e da força entrelaçadas dentro de nós, um convite para conhecer e cuidar do delicado equilíbrio que nos mantém dançando na corda bamba da vida.

Como sair de uma crise de hipoglicemia?

Sair de uma crise de hipoglicemia é um processo que exige resposta rápida e medidas simples. Primeiro, reconheça os sinais de que você está entrando em hipoglicemia: o tremor, o suor frio, a fome intensa, a confusão. Esses são os alarmes avisando que você precisa agir.

A chave para reverter a hipoglicemia é elevar rapidamente o nível de açúcar no seu sangue. Para isso, consuma rapidamente algo doce: um copo de suco de fruta, um refrigerante com açúcar (aqui não serve o zero, ok?), sachês de mel, alguns comprimidos de glicose, glicose em gel, ou mesmo balas ou bombons.

Após tomar essa medida inicial, aguarde cerca de 15 minutos. Esse intervalo é como dar tempo para que o açúcar faça efeito, elevando os níveis da glicemia. Então, verifique novamente seu nível de glicose com o glicosímetro. Se ainda estiver baixo, repita a dose de açúcar.

Uma vez que seus níveis de glicose tenham voltado ao normal, é importante comer algo mais substancial, como um lanche que inclua carboidratos e proteínas. Isso vai garantir que a hipoglicemia não retorne subitamente alguns minutos ou horas depois.

Finalmente, refletir sobre o episódio e entender o que o desencadeou é fundamental. O que você fez ou deixou de fazer que causou a hipoglicemia? Como foram suas últimas refeições? Você fez alguma atividade física diferente? Você tomou os medicamentos na dose correta? Isso pode ajudar a evitar crises semelhantes, ajustando sua dieta, atividade física ou medicação, com a orientação de sua equipe de saúde.

Por que me sinto tão mal quando minha glicose reduz bastante?

Sentir-se mal quando sua glicose reduz bastante é como se o seu corpo estivesse dentro de um elevador em queda livre, mas sem a emoção que os aventureiros de parques de diversões procuram. Imagine sua glicose como o combustível de um carro. Quando você está com hipoglicemia, é como se seu carro estivesse no meio da estrada com o tanque vazio, e seu corpo reage como se estivesse dizendo: "Ei, alguém esqueceu de abastecer aqui!"

Essa sensação ruim é o seu corpo tocando todos os alarmes possíveis, como um sistema de segurança ultrassensível que entra em modo de pânico ao menor sinal de invasão. Ele começa com os tremores, que são basicamente o corpo tentando dançar salsa sem música, seguido de suor frio, que é como se seu corpo decidisse abrir uma pista de patinação no gelo interna sem convidar você para a festa.

A fome intensa que acompanha a hipoglicemia é o equivalente ao seu estômago se transformando em um adolescente rebelde que decide que agora é o momento perfeito para um ataque de fome, independente do que você tinha planejado. E a confusão mental? Bem, é como se seu cérebro tivesse decidido tirar férias sem avisar, deixando você se perguntando por que entrou no quarto em primeiro lugar.

Seu corpo está basicamente montando um dramalhão porque o açúcar no sangue é essencial para o funcionamento adequado, especialmente para o cérebro, que é um pouco como uma cantora famosa que exige as condições perfeitas para performar. Sem glicose suficiente, seu corpo começa a protestar, às vezes de maneiras que fazem você se sentir como se estivesse no meio de um filme de terror.

Mas, como em qualquer bom filme, há sempre uma solução para evitar o desastre. No caso da hipoglicemia, trata-se de aprender os sinais que seu corpo dá e ter sempre à mão algo doce para "abastecer o carro" antes que ele pare completamente. Com o tempo e a prática, você pode se tornar o herói da sua própria história de hipoglicemia, capaz de enfrentar o drama com um pacote de glicose na mão, pronto para salvar o dia (ou pelo menos, seu humor).

O que sinto se o açúcar no sangue subir demais?

Os sinais de hiperglicemia, ou níveis elevados de glicose no sangue, são cruciais para reconhecer, especialmente para quem vive com diabetes. Identificar esses sinais é fundamental para evitar complicações mais graves, como a cetoacidose diabética e o estado hiperglicêmico hiperosmolar.

Quando a glicose no sangue está alta, o corpo tenta eliminá-la através da urina, o que leva a um dos primeiros sinais de hiperglicemia: a necessidade frequente de urinar. Esse aumento na frequência urinária é acompanhado por uma sede intensa, já que o corpo procura repor os líquidos perdidos. Outro sinal comum é a fome excessiva, mesmo após comer, porque as células do corpo não conseguem absorver adequadamente a glicose sem insulina eficaz.

Além disso, a hiperglicemia pode causar fadiga, já que o corpo não é capaz de utilizar a glicose para energia da maneira como deveria. A visão turva também é um sintoma, resultado do "inchaço das lentes" dos olhos devido às alterações nos níveis de líquido do corpo.

Quando não tratada, a hiperglicemia pode evoluir para condições mais sérias. A cetoacidose diabética é uma delas, ocorrendo mais frequentemente em pessoas com diabetes tipo 1. Ela se desenvolve quando o corpo, na falta de glicose acessível para energia, começa a quebrar gorduras, produzindo como subproduto uma substância chamada de cetonas, o que pode fazer o sangue ficar ácido! Os sintomas incluem hálito com odor frutado (cheiro de fruta passada ou de acetona, aquela que é usada para remover esmalte das unhas), náuseas, vômitos, respiração rápida e profunda, e confusão mental, podendo levar ao coma se não tratada.

O estado hiperglicêmico hiperosmolar é outra complicação grave, mais comum em pessoas com diabetes tipo 2. Caracteriza-se por níveis extremamente altos de glicose no sangue, desidratação severa e uma diminuição na consciência, podendo também levar ao coma.

Reconhecer esses sinais e agir rapidamente é essencial. Ajustes na medicação, hidratação adequada e monitoramento frequente dos níveis de glicose são passos importantes para evitar essas complicações graves. Consultar um profissional de saúde ao primeiro sinal de hiperglicemia é crucial para manter o controle do diabetes e prevenir o desenvolvimento dessas condições potencialmente fatais. E, claro, se as coisas fugirem do controle vá para o pronto socorro mais perto do local que você estiver.

Dor de cabeça tem relação com os níveis de glicemia?

Sim, dor de cabeça pode ter relação com os níveis de glicose no sangue. Quando a glicose está muito alta ou muito baixa, o corpo reage de várias maneiras, e uma delas pode ser a dor de cabeça. Uma hipoglicemia (baixa de açúcar no sangue) ou uma hiperglicemia (alta de açúcar no sangue) pode desencadear dores de cabeça como um sinal de que algo não está bem. Essas dores são como o corpo enviando um alerta, pedindo para você verificar e ajustar seus níveis de glicose.

Manter um monitoramento regular da glicose e seguir o plano de tratamento para manter os níveis estáveis pode ajudar a prevenir essas dores de cabeça relacionadas ao diabetes. Se você notar um padrão de dores de cabeça em conjunto com alterações nos níveis de glicose, é importante conversar com seu médico para ajustar seu tratamento e estratégias de gerenciamento do diabetes.

Agora, se as dores de cabeça aparecem sem relação com as flutuações da glicemia, você também precisa investigar o caso com um bom médico. Nem sempre as dores de cabeça estão relacionadas com o diabetes, existem dezenas de outras causas.

Tenho pesadelos intensos e acordo suando muito, o que pode ser?

Se você está enfrentando pesadelos intensos e acorda suando muito, isso pode ser um sinal de hipoglicemia noturna, uma condição em que os níveis de glicose no sangue caem drasticamente durante o sono. Durante a noite, o corpo continua a usar glicose para manter suas funções vitais, e sem a ingestão regular de alimentos para repor essa glicose, os níveis podem cair, especialmente se você estiver tomando medicamentos para diabetes que aumentam a insulina ou diminuem o açúcar no sangue.

Os sintomas de hipoglicemia, como suores noturnos e pesadelos, são maneiras do seu corpo tentar alertá-lo de que algo está errado. Esses sintomas podem ser particularmente alarmantes porque interrompem o sono e podem deixá-lo se sentindo ansioso ou assustado. A sudorese é uma resposta física à necessidade urgente de aumentar os níveis de glicose, enquanto os pesadelos podem ser uma manifestação do estresse que o corpo está passando.

É importante tomar medidas para evitar esses episódios de hipoglicemia noturna, como verificar seus níveis de glicose antes de dormir e garantir que estejam em um intervalo seguro. Medir a glicemia às 3 horas da manhã também pode ajudar, embora seja inconveniente. Pode ser útil ter um lanche com carboidratos de ação lenta antes de ir para a cama, especialmente se sua última refeição foi cedo ou se você planeja um exercício noturno, o que pode aumentar o risco de hipoglicemia.

Se você experimentar hipoglicemia noturna, é crucial tratar imediatamente com uma fonte rápida de glicose, como um copo de suco de fruta ou comprimidos de glicose, e depois um lanche mais substancial para evitar outro episódio. Além disso, discutir esses eventos com seu médico pode ajudar a ajustar seu plano de tratamento para diabetes e evitar futuras ocorrências, garantindo que suas noites sejam mais tranquilas e sem interrupções.

Como prevenir infecções em locais de aplicação de insulina?

Prevenir infecções nos locais de aplicação de insulina é um aspecto crucial no cuidado diário para quem depende dessa forma de tratamento. Trata-se de manter a harmonia e a saúde na relação entre sua pele e as injeções, algo que, com os cuidados corretos, pode ser gerenciado de forma eficaz e segura.

O primeiro passo é garantir que a área de aplicação esteja sempre limpa. Isso significa lavar a pele com água e sabão antes da injeção, criando um ambiente limpo e reduzindo o risco de introduzir bactérias no local da injeção.

Outra prática importante é a rotação dos locais de aplicação. Não aplique a insulina sempre no mesmo ponto; isso pode causar endurecimento da pele ou lipodistrofias, o que, por sua vez, pode interferir na absorção da insulina e aumentar o risco de infecção. Distribua as aplicações por diferentes áreas recomendadas, como abdômen, coxas, nádegas e braços, para permitir que cada área tenha tempo de se recuperar.

Sempre use agulhas estéreis e tente ao máximo não reutilizar agulhas ou seringas. Idealmente, cada agulha deve ser usada uma única vez e depois descartada de forma segura em um recipiente apropriado. Reutilizar agulhas não só aumenta o risco de infecção como pode tornar a injeção mais dolorosa. É como usar sempre ferramentas limpas e afiadas; isso torna o trabalho mais eficiente e seguro.

Após a aplicação da insulina, se houver um pequeno sangramento, aplique uma leve pressão com um pedaço de gaze ou um algodão limpo. Evite esfregar a área, pois isso pode irritar a pele e mudar a forma como a insulina vai ser absorvida no seu corpo. Se notar qualquer sinal de infecção, como vermelhidão, inchaço ou calor na área da injeção, procure orientação médica.

Suor frio, tontura, fraqueza e até dor de barriga – o que está acontecendo?

Quando você começa a sentir suor frio, tontura, fraqueza e até dor de barriga, seu corpo está enviando sinais claros de que algo não está certo. Esses sintomas podem ser indicativos de hipoglicemia, uma condição caracterizada por níveis anormalmente baixos de glicose no sangue. A glicose é a principal fonte de energia do corpo, e quando os níveis caem muito, o corpo reage de maneiras que você definitivamente vai notar.

A hipoglicemia pode acontecer por vários motivos, especialmente em pessoas com diabetes que tomam insulina ou outros medicamentos que reduzem o açúcar no sangue. Talvez você tenha pulado uma refeição, comido menos do que o habitual ou se exercitado mais intensamente. Às vezes, até mesmo os medicamentos podem estar desbalanceados em relação às suas necessidades atuais.

O suor frio é uma resposta do sistema nervoso autônomo ao baixo nível de açúcar no sangue, tentando alertá-lo sobre a necessidade de ação. A tontura e a fraqueza são sinais de que seu cérebro e outros órgãos não estão recebendo energia suficiente para funcionar corretamente. E a dor de barriga? Bem, ela pode ser um sintoma menos comum, mas ainda assim é uma maneira do seu corpo dizer: "Ei, preciso de um pouco de atenção aqui!"

Se você se deparar com esses sintomas, é importante agir rapidamente. Consumir uma fonte rápida de açúcar, como suco de fruta, balas ou comprimidos de glicose, pode ajudar a elevar seus níveis de glicose no sangue e aliviar os sintomas. Depois, é recomendável comer algo mais substancial para garantir que seu açúcar no sangue se estabilize.

Reconhecer esses sinais e saber como responder é crucial, especialmente se você tem diabetes. É sempre uma boa ideia conversar com sua equipe de saúde sobre como gerenciar melhor sua condição e evitar episódios de hipoglicemia. Eles podem ajustar seu plano de tratamento ou dar conselhos específicos com base em suas necessidades individuais. Se esses sintomas se tornarem frequentes, talvez seja necessário reavaliar seu plano de gerenciamento do diabetes.

Capítulo 11: Um pouquinho a mais para você

Como fazer outras perguntas?

Ah, chegamos ao final desta jornada escrita com tanto carinho e dedicação, um verdadeiro labirinto de descobertas sobre o diabetes, explorado passo a passo, página por página. Imagine este livro como um mapa do tesouro, onde cada capítulo, cada pergunta respondida, foi uma pista cuidadosamente desenhada para guiá-lo através dos mares turbulentos do diabetes.

Mas, como bom capitão deste navio, eu reconheço que até o mais detalhado dos mapas pode não cobrir cada canto desconhecido, cada ilha secreta de curiosidades que reside no vasto oceano do conhecimento sobre o diabetes. Apesar do meu esforço para antecipar e responder às perguntas mais frequentes e cruciais, a verdade é que o mundo do diabetes é vasto e cheio de mistérios ainda a serem desvendados.

Portanto, se você, meu estimado leitor e companheiro de viagem, encontrar-se com dúvidas borbulhando em sua mente, perguntas que não foram respondidas nas páginas deste livro, não se desespere! Não é o fim da jornada, mas uma oportunidade para estender nossa aventura.

Para esses momentos de curiosidade inquieta, eu preparei um tesouro escondido, um portal mágico para mais respostas: um formulário especial que pode ser acessado através de um QR code logo abaixo. Imagine este QR code como uma chave encantada, capaz de abrir portas para novos horizontes de conhecimento, onde suas perguntas podem ser enviadas diretamente para mim, o autor que te acompanhou nesta jornada.

Assim, com um simples escaneamento deste código mágico com a varinha de condão moderna (também conhecida como seu smartphone), você será transportado para um lugar onde suas perguntas mais ardentes podem ser formuladas. E, com a paciência de um alquimista e a empolgação de um explorador, aguardarei ansiosamente por elas, pronto para embarcar em novas aventuras de pesquisa e descoberta, para trazer-lhe as respostas que busca em futuras edições dessa obra.

Portanto, caro leitor, se o sentimento de "e se?" ou "mas o que sobre...?" começar a formigar em sua mente, saiba que este não é o fim. É simplesmente uma nova etapa de nossa jornada juntos. Use o QR code abaixo, envie-me suas perguntas, e vamos continuar a desvendar os mistérios do diabetes com amor, humor e a incansável busca por conhecimento.

Quero te conhecer melhor, como faço?

Eu adoraria continuar essa conversa e te conhecer melhor também! Se você está curioso para saber mais sobre mim, minhas aventuras no mundo da farmácia, ou simplesmente quer trocar ideias sobre como viver bem com diabetes, meu Instagram é um ótimo lugar para começarmos essa jornada juntos. Me siga em @wallacebottacin ou https://www.instagram.com/wallacebottacin e não hesite em enviar uma mensagem. Estou sempre aberto a novas conexões, compartilhar conhecimento, e claro, um bom bate-papo. Vamos construir uma comunidade onde o apoio e a informação se encontram. Te espero lá!

Você pode ajudar o autor

Caro leitor, ao chegarmos ao final desta jornada juntos, gostaria de pedir um pequeno favor que, acredite, faz uma grande diferença. Se este livro lhe trouxe algum insight, sorriso ou conforto, considere deixar uma revisão autêntica e honesta na Amazon.

Cada palavra sua é uma ponte que nos conecta ainda mais, e suas impressões podem ajudar outras pessoas a descobrir este guia. Além disso, seu feedback é incrivelmente valioso para mim, pois me inspira a continuar escrevendo e aprimorando meu trabalho. É também uma forma maravilhosa de apoiar a jornada que iniciamos juntos, permitindo que mais pessoas se beneficiem das informações e do carinho com que este livro foi elaborado.

Lembre-se: sua opinião sincera é um presente, tanto para mim quanto para futuros leitores em busca de orientação e apoio no manejo do diabetes. Então, se puder, dedique alguns minutos para compartilhar sua experiência na Amazon. Estou ansioso para ler suas impressões e, quem sabe, começar a trabalhar em novos projetos inspirados por suas palavras.

Referências científicas

Informação relevante

Este livro foi cuidadosamente elaborado com um compromisso duplo: tornar a ciência do diabetes acessível a todos e, ao mesmo tempo, assegurar que cada palavra reflita as melhores evidências científicas disponíveis no momento. Embora tenha sido empregada uma linguagem leiga, descomplicada e até mesmo divertida, para facilitar sua leitura e compreensão, é importante destacar que o coração deste trabalho permanece profundamente enraizado na seriedade e precisão científica.

A jornada para compilar as informações aqui apresentadas envolveu uma extensa pesquisa e uma análise cuidadosa dos estudos mais atuais e respeitados na área do diabetes. Este processo foi essencial para garantir que, enquanto desfruta de uma leitura amigável e envolvente, você também esteja recebendo conhecimento confiável e baseado em evidências sólidas.

Entendo a importância de manter o equilíbrio entre a acessibilidade da informação e a integridade científica. Por isso, cada capítulo, cada explicação e analogia, foi meticulosamente planejada para não apenas iluminar e educar, mas também para respeitar o rigor da pesquisa científica. Isso significa que, embora possamos explorar este tema complexo com leveza e simplicidade, o fazemos sem jamais comprometer a profundidade e a veracidade que o assunto exige.

O objetivo deste livro é ser uma ponte entre o mundo acadêmico e o cotidiano das pessoas que vivem com diabetes, seus familiares e cuidadores, oferecendo um recurso que é tanto confiável quanto acessível. Ao transformar termos técnicos em linguagem do dia a dia, procuramos aproximar o leitor das mais recentes descobertas sobre o diabetes, empoderando-o com informações que podem fazer uma diferença real em sua vida.

Assim, enquanto você navega por estas páginas, saiba que está em uma jornada embasada em ciência, conduzida com carinho e dedicação. Este livro é um convite para explorar o universo do diabetes com confiança, sabendo que você está sendo guiado por informações que refletem o estado atual do conhecimento científico, apresentadas de uma maneira que fala diretamente ao coração.

Abaixo, deixo as referências científicas utilizadas na construção desse livro. Cada autor, de cada trabalho abaixo teve um papel importantíssimo para que a ciência chegasse até você:

Bibliografia

Ahmad E, Lim S, Lamptey R, Webb DR, Davies MJ. Type 2 diabetes. Lancet. 2022;400(10365):1803-1820. doi:10.1016/S0140-6736(22)01655-5

Amanat S, Ghahri S, Dianatinasab A, Fararouei M, Dianatinasab M. Exercise and Type 2 Diabetes. Adv Exp Med Biol. 2020;1228:91-105. doi:10.1007/978-981-15-1792-1_6

Armstrong DG, Tan TW, Boulton AJM, Bus SA. Diabetic Foot Ulcers: A Review. JAMA. 2023;330(1):62-75. doi:10.1001/jama.2023.10578

Bellamy L, Casas JP, Hingorani AD, Williams D. Type 2 diabetes mellitus after gestational diabetes: a systematic review and meta-analysis. Lancet. 2009;373(9677):1773-1779. doi:10.1016/S0140-6736(09)60731-5

Bharath LP, Nikolajczyk BS. The intersection of metformin and inflammation. Am J Physiol Cell Physiol. 2021;320(5):C873-C879. doi:10.1152/ajpcell.00604.2020

Bonnet F, Scheen A. Understanding and overcoming metformin gastrointestinal intolerance. Diabetes Obes Metab. 2017;19(4):473-481. doi:10.1111/dom.12854

Boulton AJM, Whitehouse RW. The Diabetic Foot. In: Feingold KR, Anawalt B, Blackman MR, et al., eds. Endotext. South Dartmouth (MA): MDText.com, Inc.; July 28, 2023.

Boulton AJM, Whitehouse RW. The Diabetic Foot. In: Feingold KR, Anawalt B, Blackman MR, et al., eds. Endotext. South Dartmouth (MA): MDText.com, Inc.; July 28, 2023.

Brown J, Alwan NA, West J, et al. Lifestyle interventions for the treatment of women with gestational diabetes. Cochrane Database Syst Rev. 2017;5(5):CD011970. Published 2017 May 4. doi:10.1002/14651858.CD011970.pub2

Brown J, Alwan NA, West J, et al. Lifestyle interventions for the treatment of women with gestational diabetes. Cochrane Database Syst Rev. 2017;5(5):CD011970. Published 2017 May 4. doi:10.1002/14651858.CD011970.pub2

Buczyńska A, Sidorkiewicz I, Krętowski AJ, Adamska A. Examining the clinical relevance of metformin as an antioxidant intervention. Front Pharmacol. 2024;15:1330797. Published 2024 Feb 1. doi:10.3389/fphar.2024.1330797

Butler S, Sculley D, Santos D, Girones X, Singh-Grewal D, Coda A. Using Digital Health Technologies to Monitor Pain, Medication Adherence and Physical Activity in Young People with Juvenile Idiopathic Arthritis: A Feasibility Study. Healthcare (Basel). 2024;12(3):392. Published 2024 Feb 2. doi:10.3390/healthcare12030392

Chadda KR, Cheng TS, Ong KK. GLP-1 agonists for obesity and type 2 diabetes in children: Systematic review and meta-analysis. Obes Rev. 2021;22(6):e13177. doi:10.1111/obr.13177

Chang M, Willis G. Approach to the Hypoglycemic Patient. Emerg Med Clin North Am. 2023;41(4):729-741. doi:10.1016/j.emc.2023.06.004

Chaudhri K, Hayek A, Liu H, Joshi R. General practitioner and pharmacist collaboration: does this improve risk factors for cardiovascular disease and diabetes? A systematic review protocol. BMJ Open. 2019;9(8):e027634. Published 2019 Aug 5. doi:10.1136/bmjopen-2018-027634

Chrvala CA, Sherr D, Lipman RD. Diabetes self-management education for adults with type 2 diabetes mellitus: A systematic review of the effect on glycemic control. Patient Educ Couns. 2016;99(6):926-943. doi:10.1016/j.pec.2015.11.003

Davidson MB. Detailed treatment algorithms for effective nurse- and pharmacist-directed diabetes care: a personal approach. Diabetes Educ. 2009;35(1):61-71. doi:10.1177/0145721708327287

Davidson MB. The effectiveness of nurse- and pharmacist-directed care in diabetes disease management: a narrative review. Curr Diabetes Rev. 2007;3(4):280-286. doi:10.2174/157339907782330058

Deacon CF. Physiology and Pharmacology of DPP-4 in Glucose Homeostasis and the Treatment of Type 2 Diabetes [published correction appears in Front Endocrinol (Lausanne). 2019 May 03;10:275]. Front Endocrinol (Lausanne). 2019;10:80. Published 2019 Feb 15. doi:10.3389/fendo.2019.00080

Foretz M, Guigas B, Bertrand L, Pollak M, Viollet B. Metformin: from mechanisms of action to therapies. Cell Metab. 2014;20(6):953-966. doi:10.1016/j.cmet.2014.09.018

Gilbert MP, Pratley RE. GLP-1 Analogs and DPP-4 Inhibitors in Type 2 Diabetes Therapy: Review of Head-to-Head Clinical Trials. Front Endocrinol (Lausanne). 2020;11:178. Published 2020 Apr 3. doi:10.3389/fendo.2020.00178

Gillespie KM. Type 1 diabetes: pathogenesis and prevention. CMAJ. 2006;175(2):165-170. doi:10.1503/cmaj.060244

Giugliano D, Longo M, Scappaticcio L, Bellastella G, Maiorino MI, Esposito K. SGLT-2 inhibitors and cardiorenal outcomes in patients with or without type 2 diabetes: a meta-analysis of 11 CVOTs. Cardiovasc Diabetol. 2021;20(1):236. Published 2021 Dec 16. doi:10.1186/s12933-021-01430-3

He L. Metformin and Systemic Metabolism. Trends Pharmacol Sci. 2020;41(11):868-881. doi:10.1016/j.tips.2020.09.001

Islam SMS, Mishra V, Siddiqui MU, et al. Smartphone Apps for Diabetes Medication Adherence: Systematic Review. JMIR Diabetes. 2022;7(2):e33264. Published 2022 Jun 21. doi:10.2196/33264

Krass I, Schieback P, Dhippayom T. Adherence to diabetes medication: a systematic review. Diabet Med. 2015;32(6):725-737. doi:10.1111/dme.12651

Kumar S, Sanap SN, Pandey P, Khopade A, Sawant KK. Glucagon: Delivery advancements for hypoglycemia management. Int J Pharm. Published online January 13, 2024. doi:10.1016/j.ijpharm.2024.123785

Kuske S, Schiereck T, Grobosch S, et al. Diabetes-related information-seeking behaviour: a systematic review [published correction appears in Syst Rev. 2017 Dec 4;6(1):241]. Syst Rev. 2017;6(1):212. Published 2017 Oct 24. doi:10.1186/s13643-017-0602-8

Landgraf R, Aberle J, Birkenfeld AL, et al. Therapy of Type 2 Diabetes. Exp Clin Endocrinol Diabetes. 2019;127(S 01):S73-S92. doi:10.1055/a-1018-9106

Leach MJ, Kumar S. Cinnamon for diabetes mellitus. Cochrane Database Syst Rev. 2012;2012(9):CD007170. Published 2012 Sep 12. doi:10.1002/14651858.CD007170.pub2

Li S, Vandvik PO, Lytvyn L, et al. SGLT-2 inhibitors or GLP-1 receptor agonists for adults with type 2 diabetes: a clinical practice guideline [published correction appears in BMJ. 2022 Apr 28;377:o1080]. BMJ. 2021;373:n1091. Published 2021 May 11. doi:10.1136/bmj.n1091

Li W, Huang E, Gao S. Type 1 Diabetes Mellitus and Cognitive Impairments: A Systematic Review. J Alzheimers Dis. 2017;57(1):29-36. doi:10.3233/JAD-161250

Lohner S, Kuellenberg de Gaudry D, Toews I, Ferenci T, Meerpohl JJ. Non-nutritive sweeteners for diabetes mellitus. Cochrane Database Syst Rev. 2020;5(5):CD012885. Published 2020 May 25. doi:10.1002/14651858.CD012885.pub2

Lv Z, Guo Y. Metformin and Its Benefits for Various Diseases. Front Endocrinol (Lausanne). 2020;11:191. Published 2020 Apr 16. doi:10.3389/fendo.2020.00191

Magliano DJ, Islam RM, Barr ELM, et al. Trends in incidence of total or type 2 diabetes: systematic review. BMJ. 2019;366:l5003. Published 2019 Sep 11. doi:10.1136/bmj.l5003

Malaza N, Masete M, Adam S, Dias S, Nyawo T, Pheiffer C. A Systematic Review to Compare Adverse Pregnancy Outcomes in Women with Pregestational Diabetes and Gestational Diabetes. Int J Environ Res Public Health. 2022;19(17):10846. Published 2022 Aug 31. doi:10.3390/ijerph191710846

Marton LT, Pescinini-E-Salzedas LM, Camargo MEC, et al. The Effects of Curcumin on Diabetes Mellitus: A Systematic Review. Front Endocrinol (Lausanne). 2021;12:669448. Published 2021 May 3. doi:10.3389/fendo.2021.669448

Maruthur NM, Tseng E, Hutfless S, et al. Diabetes Medications as Monotherapy or Metformin-Based Combination Therapy for Type 2 Diabetes: A Systematic Review and Meta-analysis. Ann Intern Med. 2016;164(11):740-751. doi:10.7326/M15-2650

Nam S, Chesla C, Stotts NA, Kroon L, Janson SL. Barriers to diabetes management: patient and provider factors. Diabetes Res Clin Pract. 2011;93(1):1-9. doi:10.1016/j.diabres.2011.02.002

Nauck MA, Quast DR, Wefers J, Meier JJ. GLP-1 receptor agonists in the treatment of type 2 diabetes - state-of-the-art. Mol Metab. 2021;46:101102. doi:10.1016/j.molmet.2020.101102

Nishita C, Cardazone G, Uehara DL, Tom T. Empowered diabetes management: life coaching and pharmacist counseling for employed adults with diabetes. Health Educ Behav. 2013;40(5):581-591. doi:10.1177/1090198112465088

Ojo O. Dietary Intake and Type 2 Diabetes. Nutrients. 2019;11(9):2177. Published 2019 Sep 11. doi:10.3390/nu11092177

OuYang H, Chen B, Abdulrahman AM, Li L, Wu N. Associations between Gestational Diabetes and Anxiety or Depression: A Systematic Review. J Diabetes Res. 2021;2021:9959779. Published 2021 Jul 27. doi:10.1155/2021/9959779

Patel J. Diabetes: managing dyslipidaemia. BMJ Clin Evid. 2008;2008:0610. Published 2008 Jun 9.

Peer N, Balakrishna Y, Durao S. Screening for type 2 diabetes mellitus. Cochrane Database Syst Rev. 2020;5(5):CD005266. Published 2020 May 29. doi:10.1002/14651858.CD005266.pub2

Pothuraju R, Sharma RK, Chagalamarri J, Jangra S, Kumar Kavadi P. A systematic review of Gymnema sylvestre in obesity and diabetes management. J Sci Food Agric. 2014;94(5):834-840. doi:10.1002/jsfa.6458

Prattichizzo F, de Candia P, Ceriello A. Diabetes and kidney disease: emphasis on treatment with SGLT-2 inhibitors and GLP-1 receptor agonists. Metabolism. 2021;120:154799. doi:10.1016/j.metabol.2021.154799

Roberts S, Barry E, Craig D, Airoldi M, Bevan G, Greenhalgh T. Preventing type 2 diabetes: systematic review of studies of cost-effectiveness of lifestyle programmes and metformin, with and without screening, for pre-diabetes. BMJ Open. 2017;7(11):e017184. Published 2017 Nov 15. doi:10.1136/bmjopen-2017-017184

Rosenwasser RF, Sultan S, Sutton D, Choksi R, Epstein BJ. SGLT-2 inhibitors and their potential in the treatment of diabetes.

Diabetes Metab Syndr Obes. 2013;6:453-467. Published 2013 Nov 27. doi:10.2147/DMSO.S34416

Roy T, Lloyd CE. Epidemiology of depression and diabetes: a systematic review. J Affect Disord. 2012;142 Suppl:S8-S21. doi:10.1016/S0165-0327(12)70004-6

Sociedade Brasileira de Diabetes. Diretrizes da Sociedade Brasileira de Diabetes Update 2/2023. Acesso em: https://diretriz.diabetes.org.br/. ISBN: 978-85-5722-906-8. doi: 10.29327/5238993.

Soprovich AL, Sharma V, Tjosvold L, Eurich DT, Johnson JA. Systematic review of community pharmacy-based and pharmacist-led foot care interventions for adults with type 2 diabetes. Can Pharm J (Ott). 2019;152(2):109-116. Published 2019 Feb 15. doi:10.1177/1715163519826166

Syed FZ. Type 1 Diabetes Mellitus. Ann Intern Med. 2022;175(3):ITC33-ITC48. doi:10.7326/AITC202203150

Taylor R. Type 2 diabetes: etiology and reversibility. Diabetes Care. 2013;36(4):1047-1055. doi:10.2337/dc12-1805

Teo V, Weinman J, Yap KZ. Systematic Review Examining the Behavior Change Techniques in Medication Adherence Intervention Studies Among People With Type 2 Diabetes. Ann Behav Med. Published online February 9, 2024. doi:10.1093/abm/kaae001

Volmer-Thole M, Lobmann R. Neuropathy and Diabetic Foot Syndrome. Int J Mol Sci. 2016;17(6):917. Published 2016 Jun 10. doi:10.3390/ijms17060917

Watson CJ, Edlow JA. Managing Adults With Hypoglycemia. Ann Emerg Med. 2023;82(6):705-712. doi:10.1016/j.annemergmed.2023.07.019

You H, Hu J, Liu Y, Luo B, Lei A. Risk of type 2 diabetes mellitus after gestational diabetes mellitus: A systematic review & meta-analysis. Indian J Med Res. 2021;154(1):62-77. doi:10.4103/ijmr.IJMR_852_18

Yu M, Zhang X, Lu F, Fang L. Depression and Risk for Diabetes: A Meta-Analysis. Can J Diabetes. 2015;39(4):266-272. doi:10.1016/j.jcjd.2014.11.006

Este livro passou por revisão e correção gramatical com o auxílio de ferramentas de inteligência artificial (ChatGPT© - OpenAI, Gemini© - Google). É importante ressaltar que todas as ideias, conceitos e conteúdos apresentados são de autoria exclusiva do escritor. A inteligência artificial foi utilizada estritamente como uma ferramenta de apoio para revisão linguística e gramatical, sem influenciar ou gerar o conteúdo criativo da obra.